D1705538

In Liebe entbrannt für

VERRÜCKTES GENIE

„Randy Gage ist wirklich und wahrhaftig ein Genie – und jeder Unternehmer, der seine brillanten Ratschläge nicht befolgt, ist verrückt. Lassen Sie sich auf dieses Buch ein und Sie werden herausragende Erfolge erzielen."

– **Harvey Mackay,** Verfasser des *New-York-Times*-Bestsellers
Schwimm mit den Haien, ohne gefressen zu werden

„Eine gewaltige und mutige Inspiration für alle Unternehmer, die ihre Träume noch in die Realität umsetzen wollen."

– **Robin Sharma,** Erfolgsautor von *Jeder kann in Führung gehen*

„Dieses Buch ist einfach nur verdammt gut! Es vermittelt nicht nur eine innere Einstellung, sondern gibt Ihnen Hoffnung, Inspiration und einen ordentlichen Tritt in den Hintern. Ich war von jedem Kapitel begeistert."

– **Larry Winget,** Autor von *Grow a Pair*
und fünf weiteren internationalen Bestsellern

„Dieses Buch stellt Ihr Leben auf den Kopf. Es steckt voller praktischer und erprobter Ideen und Fragen, die Ihnen helfen, das Tor zum Erfolg aufzustoßen."

– **Brian Tracy,** Verfasser von *Keine Ausreden!*
Die Kraft der Selbstdisziplin

„Das ist eines der chaotischsten Bücher, die ich je gelesen habe. Ich meine das nur positiv. Randy Gage nimmt uns mit auf eine wilde Berg- und Talfahrt. Ich musste mich mit beiden Händen festklammern, um nicht herauszufallen ... In Randy Gages Kopf fahren die Gedanken Achterbahn – und ich bin so froh, dass ich mich auf den Trip eingelassen habe."

– **Steven Pressfield,** Erfolgsautor von *The War of Art und Turning Pro*

„Verrücktes Genie' ist verdammt irre. Es findet eine vulkanische Geistesverschmelzung zwischen Autor und Leser statt, wo Gage nach Art von Mozart oder Picasso Kunst aus dem Chaos im Inneren erschafft."

– **Alan Weiss, Ph.D.,** Verfasser von *Million Dollar Consulting*

„Der Titel sagt schon alles: Randy Gage ist beides – verrückt und ein Genie! Und verpackt alles in einem Buch als Leitfaden für den Erfolg! WAHNSINNIG GUT!"

– **Jeffrey Hayzlett,** Moderator einer TV-Primetime-Sendung, Bestsellerautor und Teilzeitcowboy

„Machen Sie sich auf was gefasst. Die Überlegungen, Wahrheiten und fulminanten Prognosen eines verrückten Hexenmeisters, der Ihnen zu Reichtum verhelfen möchte, werden Sie aufrütteln."

– **Joe Vitale,** Verfasser von *Attract Money Now*

„Niemand außer Randy Gage würde es wagen, die bekannten Wahrheiten weiser Männer von Einstein bis Buddha herauszufordern – und Sie zu der Erkenntnis führen: ‚Da hat er nicht ganz unrecht!'"

– **Bob Burg,** Co-Autor von *Der Go-Giver* und Verfasser von *Adversaries into Allies*

„Gage nimmt Sie mit an Orte, die Sie eigentlich gar nicht sehen wollten, aber die Sie nicht verpassen dürfen. Er zeigt Ihnen den Weg zu der Klippe, die Sie hinabspringen müssen, um den Erfolg zu haben, von dem Sie bisher nur träumen konnten. In seiner Methode steckt tatsächlich ‚ein Quäntchen Wahnsinn' und Sie können sich von seinem Genie eine Scheibe abschneiden."

– **Lisa Ford,** Verfasserin von *Exceptional Customer Service*

„‚Provokativ' und ‚praktisch' gehen nur selten Hand in Hand, aber Das verrückte Genie schafft es. Lesen Sie es und Sie werden größere Gedanken denken, Ihre Überzeugungen auf den Prüfstand stellen und Anregungen finden, wie Sie das verrückte Genie in Ihrem Inneren freisetzen können."

– **Mark Sanborn,** Berater für Führungskräfte und Bestsellerautor

„Die meisten von uns könnten so viel mehr aus ihrem Leben machen und ‚Verrücktes Genie' weist uns den Weg in die richtige Richtung. Mithilfe dieser Bibel können Sie Großes erreichen. Tun Sie sich selbst einen Gefallen und lesen Sie dieses Buch. Danach werden Sie die Welt mit anderen Augen sehen."

– **Steve Keating,** Verfasser des *LeadToday*-Blogs

„Dieses Buch wird Ihr System erschüttern, Ihre Annahmen infrage stellen und Ihren Verstand für radikal neues Denken öffnen – und das bereits im ersten Kapitel! Gage ist ein meisterhafter Führer entlang eines unorthodoxen Weges zu unternehmerischem Genie."

– **Rory Vaden,** *New-York-Times*-Bestsellerautor von *Take the Stairs*

MAD GENIUS

VERRÜCKTES GENIE

{ EIN MANIFEST FÜR UNTERNEHMER }

RANDY GAGE

VERRÜCKTES GENIE
Ein Manifest für Unternehmer

© 2018 der dt. Ausgabe bei Life Success Media GmbH

ISBN: 978-3-902114-66-2

Herausgegeben von:
Life Success Media GmbH
A-6020 Innsbruck

Alle Rechte inklusive der Rechte für die komplette oder teilweise Vervielfältigung vorbehalten.
Dieses Werk wurde herausgegeben nach einer Vereinbarung mit Perigee, einer Verlagsmarke der
Penguin Publishing Group, einer Division von Penguin Random House LLC.

Engl. Originaltitel:
MAD GENIUS
A MANIFESTO for ENTREPRENEURS
Copyright der englischen Ausgabe © 2016 Randy Gage
1. Kreative Fertigkeiten im Geschäftsleben. 2. Kreatives Denken. 3. Unternehmertum. I. Titel

Textdesign by Spring Hoteling
Obwohl der Autor jede Anstrengung unternommen hat um zu gewährleisten, dass zum Zeitpunkt
der Veröffentlichung zutreffende Telefonnummern, Webadressen und sonstige Kontaktinformati-
onen angegeben wurden, übernimmt weder der Herausgeber noch der Autor die Verantwortung
für Fehler oder Änderungen nach der Veröffentlichung. Des Weiteren hat der Herausgeber keine
Möglichkeit der Kontrolle über und übernimmt keine Haftung für den Autor oder Webseiten Drit-
ter oder deren Inhalte.
Für die meisten Bücher von Life Success Media GmbH können Mengenrabatte bei Großbestellun-
gen für Werbemaßnahmen, Prämien, Spendenaktionen und Bildungszwecke erteilt werden. Weiterhin können auf Anfrage Sonderausgaben oder Auszüge aus ausgesuchten Werken zusammengestellt
werden. Um Näheres zu erfahren, wenden Sie sich mit Ihrem Anliegen bitte an:
info@lifesuccessmedia.com

GEDRUCKT IN DER EUROPÄISCHEN UNION

INHALT

VORWORT

{Eine beschämende Beichte}

Was hat Genialität nur an sich, dass sie ihren „Besitzer" derart quält? Hunter S. Thompson, ein verrücktes Genie, wie es im Buche steht, wurde einmal gefragt, wie er zu seinem einzigartigen, scharfen Verstand gekommen sei. Seine Antwort war stimulierend, aber auch etwas irritierend: „Ich breche nur sehr ungern eine Lanze für Drogen, Alkohol, Gewalt oder Wahnsinn, aber bei mir haben sie immer zum Ziel geführt."

Ich würde nur zu gerne sagen, dass ich eine geniale Erleuchtung hatte, die mir als Inspiration für dieses Buch gedient hat. Aber keine Muse, sondern Schamgefühl und tiefste Hoffnungslosigkeit waren der Anlass für dieses Buch.

Katzenjammer, weil ich in meiner Wohnung herumlag und versuchte, die Folgen eines Crystal-Meth-Rausches abzuschütteln – dabei hatte ich doch tatsächlich gedacht, dieses Laster schon lange überwunden zu haben.

Und Verzweiflung, weil nach dem euphorischen Höhenflug (der bei jedem Mal weniger berauschend ist) Erschöpfung, Übelkeit und Depression infolge der harten Landung in der Realität einsetzten. Meth-Süchtige kennen diese Tage unter der Bezeichnung „Selbstmord-Dienstage" – aus Gründen, die ich Betroffenen sicherlich nicht näher ausführen muss.

Wenn Sie nun der Ansicht sind, dass die Wahrscheinlichkeit gering ist, dass diesem Nährboden schöpferisches Genie entwächst, dann stimmt das nur zur Hälfte. Denn manchmal müssen wir erst an unserem Tiefpunkt ankommen und unseren größten Herausforderungen gegenüberstehen, damit wir uns zusammenreißen, unsere Ressourcen aktivieren und entscheiden, dass die Alternative zur Hoffnungslosigkeit in Hoffnung besteht.

Sie werden feststellen, dass sich dies wie ein roter Faden durch dieses „Manifest" zieht: Warum Nein keine Antwort ist, Misserfolg nicht für die Ewigkeit gemacht ist – außer Sie lassen dies zu – und wie Herausforderungen die größten Chancen bieten, um Neues zu schaffen und kreativ tätig zu werden.

Dieser Rückfall war offensichtlich ein weiteres Kapitel der Reise auf verschlungenen Pfaden, die mein verstörter Held dank der Vorstellungskraft meines Unterbewusstseins unternehmen musste – damit ich mich meinen eigenen Unsicherheiten stellen und die Frage nach meinem Wert beantworten konnte.

Die gute Nachricht ist, dass ich glaube, dass so etwas nicht wieder vorkommen wird. Manchmal weiß man einfach, wann man es besser gut sein lassen sollte. Ich hatte das gleiche Gefühl, als ich an meinem zwanzigsten Geburtstag meinen letzten Schluck Alkohol nahm; und in den fünfunddreißig Jahren seitdem habe ich nicht einmal den Wunsch nach einem Drink verspürt. So wie sich mein Leben ohne Alkohol besser anfühlte, bin ich jetzt der Ansicht, dass Drogen mein Leben nicht bereichern, sondern vielmehr zerstören. Ich habe mich also für das Leben entschieden.

Allerdings gab es da diesen stechenden Schmerz, der mir sehr nahe ging ...

Würde ich weiterhin schreiben können, oder würde mir die Göttin der Kreativität an ihrem Altar den Rücken kehren? Würde ich weiterhin über die Gabe verfügen, Chancen zu erkennen und unternehmerische Projekte anzupacken?

In meiner Jugend sah ich kreative Genies wie Joplin, Hendrix und Morrison gleich einer Supernova erstrahlen und dann im Drogenrausch ausbrennen und sterben. Meine großen Idole waren Schriftsteller wie Hemingway, Poe, Kerouac, O. Henry und Thompson, für die Drogen und Alkohol das Lebenselixier für ihre schöpferische Tätigkeit waren – oder zumindest die kleinen Helfer, mit denen sie deren Ausbleiben bekämpfen konnten.

Ich hatte das Glück, *Das Leben und das Schreiben* von Stephen King zu lesen, jenes brillante autobiografische Werk über die Kunst des Schreibens, worin er ausführt, wie er sich erfolgreich seinen eigenen Dämonen der Sucht stellt und trotzdem seine Schaffenskraft nicht einbüßt. In mir kam der Gedanke auf, dass es nicht schaden konnte, das Konzept des Genies und wie wir es bändigen, nähren und lenken, näher zu beleuchten. Noch weitaus faszinierender wäre es, zu erkunden, wie der Verstand eines unternehmerischen Genies tickt.

Während ich alles über die Zusammenhänge zwischen schöpferischer Kraft und psychischen Erkrankungen las, was ich in die Hände bekommen konnte, stolperte ich über folgenden Wikipedia-Eintrag: „Es heißt, Menschen mit psychischen Erkrankungen legen die Fähigkeit an den Tag, die Welt auf eine neuartige und originelle Art zu sehen, und zwar mit Augen, die buchstäblich erkennen, was den meisten anderen Menschen entgeht."

Nun sind Unternehmer aber nicht unbedingt geisteskrank. Wir legen einfach nur die Fähigkeit an den Tag, die Welt anders zu sehen und zu erkennen, was viele übersehen.

Unternehmern liegt es im Blut, die Dinge aufzurütteln, nach eigenen Regeln zu leben, und – das ist das Wichtigste – neue Dinge zu schaffen. Genialität äußert sich in der schöpferischen Arbeit.

Aus diesem Grund können wir es kaum erwarten, bis Apples neueste Produkte auf den Markt kommen, wir interessieren uns mehr für die Werbung als für den Superbowl und verfallen nahezu in einen Rausch, wenn wir die Kickstarter-Kampagne für ein neues, scharfes technisches Spielzeug entdecken. Wir sehen Genie in Aktion.

Dies alles ging mir durch den Kopf, während ich *Bevor es Nacht wird* sah. Dieser großartige Film basiert auf dem überwältigenden autobiografischen Buch von Reinaldo Arenas. Ein Genie präsentiert die Gaben eines anderen Genies. Beim Ansehen oder Lesen eines Films oder Buchs dieser Art bleibt es nicht aus, dass Sie selbst etwas Unglaubliches erschaffen möchten. Etwas, das den Unterschied ausmacht.

Dieses Manifest kommt zu Ihnen aus den tiefsten Tiefen meines Lebens. Ich hoffe allerdings, dass es uns in höchste Höhen hebt: wo Sie Ihr verrücktes Genie voll ausschöpfen und verwerten können, um es dann mit der Welt zu teilen. Ich hoffe, Sie nehmen an unserem

Austausch in den sozialen Medien teil. Dort finden Sie uns unter dem Hashtag #MadGenius.

Sie werden sehen, dass ich in drei Schritten vorgehe: Buch eins beschreibt, wie wir den Punkt erreicht haben, an dem wir jetzt stehen. Wie die Verbindung aus unguten Versprechungen, negativen erlernten Verhaltensweisen und dem geistigen Herdentrieb unser Bewusstsein infiziert, sodass wir uns mit dem Mittelmaß zufrieden geben. Buch zwei erkundet einige der erschütternden und verhängnisvollen Entwicklungen, die in den nächsten zehn Jahren auf uns zukommen werden. Wir werden einen kurzen, verstohlenen Blick um die Ecke werfen, die Zukunft vorhersagen und ihre Herausforderungen erkennen – was uns wiederum die größten Chancen eröffnet. Buch drei besteht aus einer ungeordneten Sammlung unfassbarer, anregender Ideen, die Sie dazu zwingen, über Ihr eigenes Gedankengut nachzudenken. Lesen Sie jeden Abschnitt immer dann, wenn Ihnen der Sinn danach steht. Sie sollten aber wissen, dass alle drei Teile eines gemeinsam haben: die erprobte Wahrheit, wie Sie ticken müssen, um ein erfolgreicher Unternehmer zu werden.

Die Autoren inspirierender Bücher über wirtschaftlichen Erfolg mögen vielleicht unterschiedliche Tonarten wählen, doch singen alle das gleiche Lied vom ewigen Erfolg. Die Fallbeispiele folgen alle dem gleichen Muster: Ein paar Studenten sitzen in ihrer Bude voller leerer Bierdosen und Pizzakartons und haben eine Eingebung. Sie brechen ihre Ausbildung ab, gründen eine Firma und werden über Nacht berühmt. Sie ziehen VC-Investoren an wie Motten das Licht, die ihnen das Geld nur so nachwerfen werden, ignorieren Anrufe von Zuckerberg, gehen an die Börse, scheffeln Milliarden und schmücken das Titelblatt von Wired.

Einige Leser, die diese Bücher kaufen, müssen sich wundern, was sie wohl falsch machen. Im echten Businessleben gibt es nicht nur strahlende Sieger, sondern auch äußerst verstörende Niederlagen. Diese Welt steckt voller Ängste und Zweifel, der Sorge, ob die Zahlen stimmen, und der stetigen Suche nach neuen Einnahmequellen sowie dem ewigen Kampf um eine herausragende Position. Glauben Sie mir: Es ist keinesfalls eine ausgemachte Sache, dass man an die Spitze kommt und dort bleibt. Aber wenn Sie bereit sind, sich hineinzuknien und den Preis zu zahlen, wird der Erfolg in greifbare Nähe rücken. Es ist niemals einfach, aber es ist es wert.

Randy Gage
San Diego, Kalifornien

VERRÜCKTES
GENIE

BUCH
EINS

DIE MYSTERIÖSEN MENSCHEN
UND DAS SYSTEM, DIE GEMEINSAM
INSGEHEIM DIE WELT LENKEN

Stellen Sie sich vor:

Wir befanden uns in Mo'orea in Französisch-Polynesien (auch bekannt unter dem Namen Gesellschaftsinseln) in einem Luxusressort, wo die Bungalows über dem Wasser schweben und man durch eine Luke im Boden die Fische füttern kann.

Wir saßen zu zehnt um einen Konferenztisch, der sich unter tropischen Früchten, frisch gepresstem Saft und Kaffee nur so bog. Das Licht der Morgensonne strömte in den Raum, das Wetter war mild und die Umgebung ideal für eine brillante Brainstorming-Sitzung.

Jeder der anderen neun Teilnehmer hatte 15.000 Dollar gezahlt und war Tausende von Meilen gereist, um drei Tage lang von meinem meisterhaften Verstand zu profitieren. Ich eröffnete das Meeting, indem ich um den Tisch herumging und jeden Teilnehmer bat, in wenigen Worten das große Konzept zusammenzufassen, das er oder sie während dieser Klausur strategisch angehen wollte.

Der erste sagte, er wolle seine Website komplett überarbeiten. Die zweite sagte, sie brauche etwas Hilfe bei dem Titel für ihr neues Buch. Der dritte suchte Input für seine nächste Direct-Mailing-Kampagne. So ging es einmal im Kreis.

Aber bevor wir weitermachen, möchte ich Sie fragen, was Sie sagen würden, säßen Sie gerade mit uns an diesem Tisch in Mo'orea. Nehmen Sie sich eine Minute Zeit und denken Sie einmal darüber nach.

Was danach tatsächlich passierte, war Folgendes.

Ich schloss die Augen, atmete langsam tief ein und sagte: „Ich gehe jetzt an den verdammten Pool. Wenn einer von euch Genies mit einer wirklich großartigen Idee aufwarten kann, holt mich einfach."

Ich weiß nicht genau, was dann passierte, aber nach etwa zehn Minuten kam einer der Teilnehmer zu mir und fragte, ob ich mich wieder zu ihnen gesellen würde.

Was war geschehen?

Herdendenken. In solchen Situationen geschieht es meistens, dass der erste Redner die Richtung vorgibt, der alle anderen unreflektiert folgen. Besonders interessant an der Dynamik dieses Falls ist die Tatsache, dass die neun Personen nicht willkürlich auf der Straße aufgelesen worden waren. Sie alle waren hochgradig erfolgreiche und millionenschwere Unternehmer, die viel Zeit und Geld in dieses Seminar gesteckt hatten, um zu ihrem nächsten Durchbruch zu gelangen.

Sie denken, große Tiere wie diese lassen sich bestimmt nicht mit einer derartig plumpen Denkfalle fangen? Wie haben Sie eigentlich auf meine Frage geantwortet? War es ein wahrhaft großes, mutiges und atemberaubendes Konzept, das Sie ausbauen wollten – oder ging es bei Ihnen nur um eine alltägliche taktische Maßnahme?

Auch hochgradig erfolgreiche Menschen sind nicht davor gefeit, dem Herdendenken nachzugeben, wenn sie sich in einer Gruppe befinden. Sie können das gleiche Szenario beobachten, wenn Sie bei einem Meeting die Teilnehmer zum Kennenlernen auffordern, im Raum herumzugehen und sich mit Namen und Titel vorzustellen. Sobald die erste Person sagt: „Aldo Gonzalez, Vizepräsident Qualitätskontrolle", werden alle seinem Beispiel folgen. Sie haben Ihr Ziel erreicht und können sich an die Arbeit machen.

Wenn allerdings die erste Person sagt: „Danke für die Einladung. Ich freue mich sehr, hier zu sein. Mein Name ist Mary Marcus und ich komme von der Niederlassung in Toronto. Ich bin mit dem Flugzeug angereist. In meiner Freizeit häkele ich und sammle Briefmarken. Ich bin schon sehr gespannt, was auf dieser Konferenz passiert. Wissen

Sie, ich habe erst letzte Woche zu meiner Schwester gesagt, dass ...", wissen Sie, dass Sie verloren haben. Sie haben nur neunzig Minuten Zeit. Davon waren fünf Minuten für das Kennenlernen veranschlagt. Jetzt müssen Sie miterleben, wie Sie fünfundzwanzig Minuten Ihrer kostbaren Zeit verlieren.

Die Herde folgt nicht immer dem Leittier. Manchmal folgt sie dem, der zuerst den Mund aufmacht.

Diese Beispiele verdeutlichen, wie unsere Gedankenprozesse ablaufen, wie wir häufig den Autopiloten einschalten und die wunderbare Kraft der Gedanken vergeuden, über die wir verfügen.

Hier in unserem Tagungshotel mitten im Pazifik hatte der erste Sprecher den entscheidenden Fehler gemacht, nämlich bei seinem Denkansatz – wie so viele andere Unternehmer auch war er der irrigen Meinung, dass taktische Maßnahmen zum Erfolg führen. Worum sich allerdings in Wahrheit alles dreht, ist nicht die Taktik, sondern die große Idee, die allem zugrunde liegt. Wenn das Konzept stimmt, werden Taktiken zweitrangig.

Um das verrückte Genie in Ihnen freizusetzen, müssen Sie der Versuchung widerstehen, bei den taktischen Maßnahmen zu beginnen. Gehen Sie einen Schritt zurück und überdenken Sie kritisch: Welches Resultat streben Sie an? Welchen Zielmarkt haben Sie im Visier? Worin besteht der konkrete Nutzen für jeden Einzelnen in der Zielgruppe eigentlich? Was ist Ihre große Idee? In welche Geschichte möchten Sie diese Idee packen und kommunizieren?

Nur sehr wenige Unternehmer und erschreckenderweise noch weniger erfolgreiche Großunternehmen nehmen sich die Zeit für diese gedankliche Analyse. Sie glauben mir nicht? Dann sehen Sie sich doch einmal die unendlich vielen Beispiele an, die unser Marketing Woche für Woche ausspuckt.

Ganz egal, in welcher Branche Sie tätig sind – Vertrieb und Marketing sind die Motoren, die alles am Laufen halten. Jeder Unternehmer (und jeder Manager, der wie ein Unternehmer denken möchte) muss sich darüber im Klaren sein, was gutes Marketing ist und was nicht. Alarmierend viele Unternehmer – einige von ihnen brillante und mutige Vordenker – verlieren jedwedes kritische Urteilsvermögen, feine Gespür und Rationalität, sobald es um die Vermarktung geht. Sie haben keine Ahnung davon und delegieren es innerhalb des Unternehmens an eine andere Stelle weiter oder müssen sich an eine externe Agentur wenden. In jedem Fall hoffen sie einfach auf das Beste.

Es ist verstörend, wie viel öde und lächerliche Werbung produziert wird, die im Nichts verpufft. Sie denken, es geht nicht mehr schlimmer? Nun, zu den größten Übeltätern gehören ausgerechnet die weltweit größten Marken. Man sollte doch annehmen, dass große Kreativteams und noch größere Budgets in der Lage sind, eine ansprechende und überzeugende Message zu produzieren, die sich an die attraktivsten Kunden richtet. Aber wenn ich eines über Marketing gelernt habe, dann das:

Je größer das Budget, desto größer der produzierte Mist.

Ein perfektes Beispiel hierfür ist die Bierwerbung. Wir sprechen von einem riesigen, milliardenschweren Markt. Was wiederum heißt, dass Sie hier auch auf einige der inhaltsfreiesten, am Zielpublikum vorbeigerichteten und unwirtschaftlichsten Werbekampagnen treffen, die Sie sich vorstellen können. (Auch wenn man zugegebenermaßen z.B. Anheuser-Busch Kreativpunkte für die Chuzpe geben muss, mit der sie sich selbst in Amerika als „Brauerei von nebenan" vermarkten, ist der Multimilliarden-Großkonzern doch inzwischen in Händen der InBev-Brauereigruppe.)

Wir wollen keinen Code scannen, um zu sehen, wer unser Bier abgefüllt hat. Und wenn Ihr Alleinstellungsmerkmal eine besonders große Trinköffnung in Ihrer Dose ist – sollten Sie besser noch einmal ganz von vorne anfangen. Die gleiche Empfehlung erhalten Sie von mir, wenn Sie glauben, das Aufregendste an Ihrem Bier ist die Dose mit dem Extraloch, damit das Bier schneller fließt. Ist das Ihr Ernst? Können Sie sich vorstellen, in dem Kreativmeeting gewesen zu sein, in dem die große Idee für diese Kampagne geboren wurde?

Oder in der Sitzung, in der das brillante Konzept entstanden ist, eine Bierdose in Form eines Bierfässchens auf den Markt zu bringen? Und was glauben Sie, wie viele Biertrinker nachts von dem Wunsch wachgehalten wurden, ihre Bierdose möge doch anhand ihrer Färbung die optimale Trinktemperatur anzeigen? Merken die das denn nicht, wenn die sie in der Hand halten?

Diese ganzen millionen- und milliardenschweren Kampagnen gehen weit am Ziel vorbei, denn sie wurden anhand taktischer Kriterien erarbeitet und nicht ausgehend von einer großen Idee. Wenn Sie jedoch wirklich brillant sind, dreht sich Ihre große Idee nicht um die fantastischen Funktionen Ihres Produkts oder das Dienstleistungsangebot, sondern um die Vorteile für den Kunden.

Werden wir gebeten, etwas zu vermarkten, liegt es in der Natur des Menschen, dass wir die Merkmale des zu bewerbenden Produkts auflisten. Wenn ich Ihnen ein „Dingens" in die Hand drücke, das Sie verkaufen sollen, erscheint es nur logisch, dessen Farbe, Größe und Material zu beschreiben. Tun Sie das, sind Sie in die Falle des Herdendenkens gegangen. Niemand möchte wirklich wissen, über welche Merkmale Ihr Bohrer verfügt; er soll einfach nur ein Loch in die Wand bohren.

Sie müssen einen Schritt weiter gehen und sich überlegen, wie genau der potenzielle Kunde von dem „Dingens" profitiert: die riesige Freude, die man verspürt, wenn einem das Produkt gehört – oder andersherum die dramatischen Konsequenzen, die sich aus dessen Verzicht ergeben.

Die große Idee sollte Aufmerksamkeit erregen, die Massen anziehen oder den einzelnen potenziellen Käufer direkt ansprechen – aber immer vor dem Hintergrund des Kundennutzens.

Sie ist der Magnet, der alles zusammenhält, den Handlungsbogen liefert und dem interessierten Kunden die Botschaft vermittelt, damit er oder sie ihre eigene Schlussfolgerung ziehen kann.

Einen 100-Meter-Weltrekordler für eine Sportschuh-Werbung zu gewinnen, ist ein Meisterstreich. Doch ohne die richtige Idee hinter der Werbung sehen Sie ihn vielleicht nur wie in einer Traumsequenz in einem Baumhaus. Der Bezug zur Botschaft der Kampagne fehlt. Dieser Spot ist dann so witzlos wie so manch anderer Millionen teure Werbemehrteiler.

Ihr Auto hat also einen Knopf als Anlasser? Das ist zu dünn, um als große Idee für eine Kampagne durchzugehen. Nicht besser ist die elektrische Heckklappe Ihres Minivans. Zumindest ansatzweise ist ein Vorteil für den Kunden damit verbunden, aber im Grunde reden wir hier von unwesentlichen Funktionen, die bei Weitem nicht ausreichen, um eine ganze Kampagne darauf aufzubauen – auch wenn einige Autohersteller dies getan haben.

In den vergangenen Jahren wurde viel verrücktes und fragwürdiges Werbematerial produziert. Spots, in denen SMS-Nachrichten dramatisch umgesetzt wurden, waren beim ersten Mal noch clever und voller Potenzial. Doch die Wiederholung ein und desselben Sujets ist schlichtweg gruselig. Und gruselig ist das passende Wort, um eine Werbung zu beschreiben, die läuft, während ich das hier schreibe: Im Mittelpunkt steht eine Familie, deren Tochter Französisch spricht, während der Vater eine in einem Aquarium lebende Rennmaus mit jiddischem Akzent ist. Was zum Teufel soll das? Was würde ich nicht geben, in dem Kreativmeeting gewesen zu sein, wo die tiefere Logik erläutert wurde.

Manchmal ist die große Idee winzig klein.

Als ich vor ein paar Tagen im Fitnessstudio war, hatte einer der Physiotherapeuten seinen Massagetisch mitten auf der Trainingsfläche aufgebaut und eine Tafel dazugestellt mit dem einfachen Satz:

SAG MIR, WAS DIR WEH TUT

Wie wirkt das auf einen potenziellen Kunden – macht es neugierig, ist es aufmerksamkeitswirksam, schafft es eine starke Headline?

Ich erfuhr, dass er Ryan heißt und Spezialist für myofasziale Verspannungen und deren Auflockerung ist. Ich wollte wissen, was ich gegen meinen Bandscheibenvorfall tun konnte, um meine (zumindest in meinen Augen) legendäre Softball-Karriere zu retten. Ryan machte mir den Vorschlag, mithilfe verschiedener Techniken die Verspannungen rund um die Bandscheibe, von wo aus Schmerzen bis in die Beine ausstrahlten, etwas zu lösen. Die Behandlung dauerte zehn Minuten, und im Anschluss daran unterschrieb ich sofort einen Vertrag über fünf Sitzungen zu jeweils 95 Dollar.

Sie werden nun möglicherweise denken, dass sich Ryans Idee mit dem Aufsteller und der kostenlosen Probemassage für ein

Unternehmen Ihrer Größenordnung nicht eignet. Ich bin bereit zu wetten, dass Sie mit ein wenig kritischem Nachdenken einen Weg finden, etwas Vergleichbares auf die Beine zu stellen. (Und ich gehe jede Wette ein, dass Ryan mit seiner zweistündigen Werbeaktion, die ihn keinen Pfennig gekostet hat, mehr reales Geschäft erzielt hat die Firma mit der sprechenden Rennmaus in der 5-Millionen-Dollar-Werbung.) Auch wenn Sie Ryans Ansatz nicht eins zu eins übernehmen können, haben Sie doch die Möglichkeit, Ihr Marketing auf eine nutzenorientierte Plattform zu stellen, bei der der umworbene Kunde im Mittelpunkt steht. Und Sie können eine große Idee oder ein Leitmotiv entwickeln, das als roter Faden immer wieder auftaucht.

Natürlich ist das Marketing nur einer der vielen Bereiche, in denen Sie ein Opfer vom Herdendenken werden können. Genauso einfach können Sie sich auch ausklinken, wenn es darum geht, potenzielle Märkte, neue Chancen, innovative Produkte und viele andere Bereiche kritisch zu bewerten, zu analysieren und zu entwickeln. Die gute Nachricht ist, dass Sie aufhören, ausgetretenen Gedankenpfaden zu folgen, sobald Ihr verrücktes Genie ausgereift ist. Sie werden jede Situation kritisch betrachten und Möglichkeiten erkennen, wo andere noch an ...

DIE GROSSE LÜGE

glauben.

Fragen Sie einhundert Leute, was das Gegenteil von Erfolg ist, und neunundneunzig werden antworten: „Misserfolg." Das ist die große Lüge.

Das echte Gegenteil von Erfolg ist nicht Misserfolg, sondern Mittelmäßigkeit.

Misserfolg ist nicht nur nicht das Gegenteil von Erfolg, sondern *ein integraler und wichtiger Bestandteil von Erfolg.* Es hat noch nie ein lohnenswertes Ziel gegeben, das nicht mit dem einen oder anderen Rückschlag entlang des Wegs verbunden war. Je größer die Chancen und die Wahrscheinlichkeit eines Scheiterns, umso erstaunter werden wir letztendlich über die erreichten Erfolge sein.

Wer scheitert, steht nicht automatisch in einer Sackgasse. (Außer, Sie entscheiden sich dafür, und dann ist die Reise für Sie zu Ende.) Ein Unternehmer, der nie einen Misserfolg erlebt hat, hat nichts erlebt. Der schnellste Weg zu einem Durchbruch führt heutzutage über Experimente und frühzeitige Rückschläge.

Letztere sind schlicht und ergreifend temporäre Herausforderungen. Überwinden Sie diese und sie werden zu den Bausteinen Ihres Erfolgs. Sie gestatten es Ihnen zu lernen, Ihre Strategien zu ändern und an Ihren Fähigkeiten zu feilen, um ein erfolgreicher Unternehmer zu werden.

Auch herrschen diverse irrige Meinungen vor, was unternehmerischen Erfolg und das Geld angeht. Oder vielmehr den Mangel an Geld. Zahlreiche Studien haben gezeigt, dass die häufigste Ursache für Unternehmensinsolvenzen eine unzureichende Kapitalausstattung ist. Die meisten Unternehmer beklagen sich bitterlich über ihre Schwierigkeiten, Kapital zu beschaffen und Investoren anzuziehen. Genau genommen gibt es keine Investitionsknappheit. *Worunter diese Menschen wirklich leiden, ist mangelnder Ideenreichtum.*

Weltweit sind Milliarden an Dollar, Pfund, Renminbi, Euro und Rubel auf der verzweifelten Suche nach Investitionsprojekten, ausbaufähigen Programmen und Lösungen, die zum Verkauf stehen. Was Sie noch von dem erwünschten Geldregen oder Ergebnis trennt, ist die richtige Idee.

Dies ist also ein Manifest über Ideen. Große Ideen, kleine Ideen und ausgefallene Ideen. Ideen mit Innovationscharakter, markterschütternde Ideen und vor allem irritierende Konzepte.

Dieses Buch beschäftigt sich allerdings nicht nur mit der Idee per se, sondern geht noch tiefer: Wie werden Ideen geboren und welche Rolle spielen sie beim unternehmerischen Denken? Und für welche Denkkonzepte müssen wir – Sie und ich – bereit sein, um uns für die spannendste Ära in der menschlichen Geschichte zu rüsten? Wir erforschen konventionelle Denkweisen, logisches Denken, unkonventionelles Denken und kreatives Denken sowie deren ausgewogene Mischung, um ein verrücktes Genie zu werden.

Dies hier ist ein Manifest für Manager, die Führungspersönlichkeiten werden möchten, und Führungsverantwortliche, die sich auf ihre Führungsrolle in einem Zeitalter gewaltiger wirtschaftlicher Verwerfungen vorbereiten möchten. Es macht keinen Unterschied, ob Sie in einem traditionellen Unternehmen arbeiten, einer gemeinnützigen Dienstleistungsorganisation vorstehen oder eine staatliche Stelle leiten: Die frischesten und innovativsten Lösungen erhalten Sie, indem Sie wie ein Unternehmer denken. Und damit wollen wir beginnen.

KUNST
ERSCHAFFEN

Unternehmerisch tätig zu werden bedeutet, sich künstlerisch zu betätigen, denn wir erschaffen Objekte, die es vorher noch nicht gab. Wie alle wahren Künstler schaffen wir unsere Kunst nicht wegen des Geldes oder des Ruhms, sondern *wir schaffen unsere Kunst, weil wir es tun müssen.* Wir haben kein Problem damit, als der nächste Dot-Com-Milliardär das Cover von *Fast Company* zu zieren, aber wir machen, was wir tun, unabhängig vom damit verbundenen Geld. In unserer Seele herrscht eine Leere, die nur gefüllt werden kann, indem wir uns Herausforderungen stellen, Lösungen entwerfen, Produkte entwickeln, Märkte eröffnen, Prozesse erneuern und Jobs schaffen.

Diese Sehnsucht verspüren nicht alle Menschen. Um ehrlich zu sein nur die wenigsten. Die meisten Menschen gehen zur Arbeit und sind froh dazuzugehören, kompetent zu wirken und ihren Arbeitsplatz nicht zu verlieren. Wenn sie etwas Neues auf die Beine stellen möchten – sei es eine Pizzeria, ein Sciencefiction-Videospiel oder eine Werbeagentur für Boutiquen – werden sie immer versuchen, sich allen anderen in ihrer Nische anzupassen.

Echte Unternehmer und die Visionäre unter den Mitarbeitern die genau so denken, laufen nicht der Herde nach. Sie wollen an der

Spitze des Rudels stehen. Nicht wegen ihres Egos oder des damit verbundenen Status. Sondern einfach, weil sie gar nicht anders können.

Dieses Manifest ist schlussendlich ein Aufruf, Führungsverant-
wortung zu übernehmen und künstlergleich neue, frische Ideen zu
entwickeln. Noch konkreter ist es ein Aufruf, einen Denkprozess zu
entwickeln, aus dem die Kunstformen hervorgehen, die wir unter den
Bezeichnungen Innovation, Marktstörung, revolutionäre Produkte,
brillantes Marketing, Neuerfindung der Branche und ikonografische
Markenzeichen kennen.

Dazu müssen Sie aus sich herausgehen, ein Vordenker werden
und den kognitiven Prozess erkennen, analysieren und quantifizieren,
mit dem erfolgreiche Unternehmer die Ergebnisse realisieren, zu
denen nur wir in der Lage sind. Dazu gehört auch, offen zu sein für
Möglichkeiten, niemals nie zu sagen und sich vom Sog der Kreativität
mitreißen zu lassen.

Diese Lektion habe ich vom „Mad Watchmaker" gelernt. Es war
in den 1990ern, als ich gemeinsam mit Nicolas Hayek, dem immer
quirligen und für seine offenen Worte bekannten Gründer der Swatch
Group, einen Kongress in Mitteleuropa leitete. Damals war Hayek
Mitte siebzig, hatte ohne fremde Hilfe die gesamte Schweizer Uhren-
industrie gerettet und war mindestens vierfacher Milliardär. Nichts
davon hatte ihn ruhiger gemacht.

Während einer Pressekonferenz, bei der die Veranstaltung vorgestellt werden sollte, fragte ein junger Reporter, wann Hayek plane, in
Rente zu gehen. Hayek funkelte den Mann an, als habe er seine Mutter
eine Hure genannt. Dann erklärte er auf seine derbe und barsche Art:

„UNTERNEHMER SIND KÜNSTLER. UND KÜNSTLER KENNEN KEINEN RUHESTAND!"

In diesem Moment gingen mir die Augen auf und ich erkannt zwei Grundwahrheiten.

Erstens wusste ich, dass ich für den Rest meines Lebens wünschen würde, als Erster diese Worte ausgesprochen zu haben.

Und zweitens konnte ich nun meinen Ängsten einen Namen geben. (Hayek ist übrigens tatsächlich nie in Rente gegangen. Er starb 2010 überraschend an einem Herzinfarkt an seinem Schreibtisch in der Unternehmenszentrale von Swatch.) Als ich vierzig war und meine erste Midlife-Crisis erlebte, machte ich den Versuch, mich aus dem Geschäftsleben zurückzuziehen. Ich dachte, ich würde nichts weiter tun, als Softball zu spielen, schnelle Autos zu fahren und Drinks aus Kokosnüssen zu schlürfen. Das hielt ich neun Monate lang durch. Die Untätigkeit trieb mich in den Wahnsinn und so stieg ich erneut in das Spiel ein. Ich hatte allerdings niemals verstanden, was mich dazu bewogen hat. Nach Hayeks Erklärung war mir alles klar.

DER UNTERNEHMER ALS KÜNSTLER

Seth Godins Buch *The Icarus Deception* ist eine brillante Betrachtung der Rolle der Kunst im Unternehmertum. Und auch Steven Pressfields herausragendes Buch *Turning Pro: Tap Your Inner Power and Create Your Life's Work* liefert diverse fantastische Einblicke in den faszinierenden Bereich, wo sich kreatives Genie und alltägliches Arbeitsumfeld überschneiden. Beiden Büchern eigen ist die grundlegende Erkenntnis, dass die Künstler unter den Unternehmern nicht so sehr Probleme lösen als viel mehr Möglichkeiten aufdecken oder Chancen herausarbeiten. (Dazu in Kürze noch mehr.)

Denken Sie nur an all die Kopfbilder, die wir von den Kunstschaffenden haben:

Künstler, die am Hungertuch nagen; Schreibblockaden; zu Lebzeiten nicht anerkannt; gequältes Genie und so weiter. Die Parallelen zum Unternehmer sind vielfältig.

Wie der Schriftsteller, der sich über seine Tastatur beugt und den blinkenden Cursor anstarrt, ist auch ein Unternehmer bei der Lohnabrechnung der vermutlich einsamste Mensch auf Erden. Nun werden Unternehmer sicherlich nicht in van Goghs Fußstapfen treten und sich ein Ohr abtrennen. Nein, wir sind noch viel neurotischer.

Wir haben einen Traum. Wir bringen Kapital auf. Wir schlagen uns mit Angestellten und den Problemen herum, die diese mit sich bringen. Wir müssen uns den Zweifeln unserer Freunde und Angehörigen stellen. Wir müssen den Markteinstieg meistern. Wir müssen Markteinbrüche überwinden. Wir schlagen uns mit Angestellten und den Problemen herum, die diese mit sich bringen. Wir müssen uns den Zweifeln unserer Kollegen stellen. Wir müssen die Abrechnung machen. Produkte müssen entwickelt werden. Wir schlagen uns mit Angestellten und den Problemen herum, die diese mit sich bringen. Der Druck nimmt zu. Unsere Freunde und Angehörigen sind neidisch. Die Medien nehmen uns aufs Korn. Markenrechte werden zum Problem. Der Kapitalfluss gerät ins Stocken. Wir schlagen uns mit Angestellten und den Problemen herum, die diese mit sich bringen. Unsere Bestände verursachen uns Alpträume. Gesetzesvorschriften müssen eingehalten werden. Habe ich schon die Angestellten und die damit verbundenen Probleme erwähnt?

Nur ein Visionär kann sehen, was noch nicht erfunden wurde. Es gehört viel Mut dazu, angesichts von Zweifeln, Kritik und im Extremfall sogar Spott diese Vision weiterzuverfolgen. Es gehört viel Kraft dazu, auch in mageren Zeiten auf Kurs zu bleiben. Wer ein Unternehmer sein möchte, muss eine innere Einstellung mitbringen, über die nur wenige Menschen verfügen. Ein Konzept zur Marktreife zu bringen, gleicht einer Achterbahnfahrt, die sich nur damit vergleichen lässt, *Wem die Stunde schlägt* zu schreiben, den *David* zu meißeln oder *La Bohème* zu komponieren.

DAS UNGREIFBARE
SEHEN

Etwas bislang noch nicht Dagewesenes wird nicht selten missverstanden, falsch interpretiert und missgedeutet. Wenn Sie zum allerersten Mal erleben, wie eine „Mutter der Drachen" die Sprache Dothraki spricht, werden Sie nicht in der Lage sein, richtig zu verstehen und korrekt einzuordnen, was sich vor Ihren Augen abspielt. Solche Fehleinschätzungen im wahren Leben werden dazu führen, dass Sie Chancen nicht erkennen oder Ihrem eigenen Erfolg Steine in den Weg legen.

Wie können Sie jemandem erklären, was Schokolade ist, wenn er noch nie welche gegessen hat? Oder einem Blinden die Farbe Grün erklären? Oder einem tauben Menschen schildern, wie Mötley Crüe klingen? Einfacher wäre es wahrscheinlich, einer Giraffe das Konzept der Wiedergeburt begreiflich zu machen.

Es gab eine Zeit, als Amazon nichts weiter war als eine verrückte Vorstellung – bis zu dem Moment, als es zu einer brillanten Idee wurde. Es gab eine Zeit, als MySpace ein Geniestreich war, bis es sich als Flop entpuppte – und vielleicht eines Tages wieder an Bedeutung gewinnt. Facebook war erst mal ein Hit, floppte dann und regiert heute die Welt. Zumindest im Moment.

Innovationen und sonstige bahnbrechende Ideen entstehen auf einer höheren Denkebene, die über dem reinen Lösen von Problemen oder sogar dem Vorgreifen auf Trends angesiedelt ist. Innovationen und wahrhaft bahnbrechende Konzepte entstehen nur, wenn man den Mut hat, noch einmal bei Null anzufangen und sich eine Realität vorzustellen, die bislang noch nicht dagewesen ist. Das ist das wahre verrückte Genie. Das bedeutet es, wenn ich fordere, niemals Nein zu sagen und die Chancen zu erkennen.

Der Dodge Viper ist einer sehr viel höheren Denkebene entsprungen als der Chrysler K. Diese Art des Denkens wird in keinem BWL-Kurs gelehrt und ist auf Vorstandsebene nur selten zu finden. Es ist bedauerlich, aber wahr, dass sowohl in akademischen als auch in Unternehmenskreisen reaktive, rückwärtsgerichtete Denkschulen vorherrschen.

Doch Ihr Ziel erreichen werden Sie nicht, wenn Sie so denken. Sie müssen das Herdenverhalten ablegen und das verrückte Genie in Ihnen freisetzen.

Ich nehme an, Sie sind nicht wie die meisten anderen Menschen. Andernfalls hätten Sie dieses Buch niemals in die Hand genommen. Doch ich möchte ernsthaft bezweifeln, dass Sie sich der unfassbaren Größe Ihres angeborenen Genies bewusst sind, über das Sie bereits verfügen. Sie glauben den Einflüsterungen der Lügen, begrenzenden Glaubensmustern und negativen erworbenen Verhaltenselementen.

SIE HABEN SICH DAMIT ABGEFUNDEN

Sie glauben, dass andere Menschen genial sind und Sie einfach nur Sie selbst. Aber wenn ich in den fünfundzwanzig Jahren, die ich nun bereits mit Führungskräften arbeite, eines gelernt habe, dann das: Jeder ist mit Genie gesegnet. Auch Sie. Aber Genie ist nicht etwas, das sich finden lässt; es ist ein Prozess, den Sie durchlaufen. Dieser Prozess verläuft nicht gradlinig, er ist rätselhaft und häufig verstörend. Ich möchte Sie aufrütteln.

LEGEN SIE FEST, WO SIE LEBEN MÖCHTEN

Das verrückte Genie trifft als Erstes eine Entscheidung. Die Entscheidung, Ihr außergewöhnliches Talent anzuzapfen, bedeutet nichts anderes, als neu- und andersartige Denkwege einzuschlagen. Das geschieht, wenn Sie ein Nein nicht akzeptieren und beschließen, einen Weg finden zu wollen. Auch wenn sich kein Weg anbietet.

Das verrückte Genie wird übrigens auch ganz maßgeblich von seiner Umgebung beeinflusst. Damit meine ich jetzt nicht Ihre Nachbarn im Haus nebenan oder gegenüber, sondern die Umwelt, in der sich Ihr Geist bewegt. Versuchen Sie es ruhig, es wird Ihnen nicht gelingen: Sie können nicht an zwei Orten zur gleichen Zeit leben. Sie haben folgende Optionen:

Die Mittelmäßigkeit. Dafür entscheiden sich die meisten Menschen. Deshalb ist es dort auch so gerammelt voll.

Die gute Wohngegend. Weniger dicht bevölkert, aber es geht immer noch ziemlich beengt zu. Niemand wird Sie für die Entscheidung, hier leben zu wollen, kritisieren. Die meisten Nachbarn werden Sie mit offenen Armen empfangen und Sie nur äußerst ungerne wieder gehen sehen.

Die bessere Wohngegend. Hier sind die Immobilienpreise exorbitant hoch. Viele Menschen möchten gerne hier wohnen, nur die wenigsten tun es.

Die Straße der verrückten Genies. Dort sammeln sich die führenden Künstler aller Branchen. Es ist ein exklusiver Club, der nur ausgewählten Mitgliedern offensteht.

Man wird nicht als Mitglied geworben oder eingeladen. Sie werden in diesen Club aufgenommen, weil Sie sich dafür entscheiden. Sie sehen eine Chance und klopfen an die Tür, und wenn man Ihnen nicht öffnet – treten Sie die verdammte Türe auf.

DER PREIS, DEN SIE
BEZAHLEN MÜSSEN

Wenn Sie Ihren angeborenen Kreativitätspool erschließen möchten und an der Spitze einer Organisation stehen wollen, die verrückte Geniestreiche produziert, müssen Sie bereit sein, Risiken einzugehen. Und bereit sein, Misserfolge hinzunehmen und zu verarbeiten. Ich spreche hier nicht von Geschäftszahlen, die im dritten Quartal ein paar Prozentpunkte unter den Prognosen liegen. Ich meine, etwas anzupacken, wovon Ihnen jeder sagt: Das wird nichts, und Sie scheitern in der Tat grandios vor aller Augen. Denn selbst ein derart epischer Fehlschlag – so schmerzhaft er auch sein mag – zeigt Ihnen, dass Sie Teil des Spiels sind und sich auf Weltklasseniveau bewegen.

Steve Jobs wird als innovatives, kreatives Genie verehrt, und das war er sicherlich auch. Vergessen Sie dabei aber nicht die schwerwiegenden Fehler und Misserfolge, die er im Lauf seines Lebens einstecken musste. Seine Bereitschaft, Misserfolge zu riskieren, hat letztendlich dazu geführt, dass er derart schwindelerregende Erfolge einfahren konnte.

Wussten Sie, dass Jobs als er starb der größte Einzelaktionär der Walt Disney Company war? Aus dieser Quelle stammte auch der größte Teil seines Vermögens, nicht von Apple. Apple warf ihn 1985 raus – aus Sicht von Apple vermutlich die richtige Entscheidung. Anschließend gründete er zwei Firmen, Pixar ist eine davon. Es dauerte fast ein Jahrzehnt, bis Pixar seinen ersten Film herausbrachte, den ersten digital animierten Film überhaupt. Aber der Verkauf von Pixar an Disney machte ihn zu mehr als nur einem Mitglied des Verwaltungsrats. Es machte ihn zu einem Milliardär.

Wenn Sie etwas Episches erreichen möchten, müssen Sie bereit sein, sich Herausforderungen zu stellen, auch wenn diese manchmal größer sind als Sie selbst. Doch diese Herausforderungen sind die Sprungbretter für neue Strategien, neue Erfahrungen und Erkenntnisse, die Sie zu der Person werden lassen, die großartige Dinge vollbringen kann.

Niemand hatte seinen großen Durchbruch in seiner Komfortzone. Und Sie werden nicht der Erste sein. Sie müssen bereit sein, den Preis zu zahlen.

WER HAT GESAGT, ES MUSS SALZ UND PFEFFER SEIN?

Warum sind Salz und Pfeffer die beiden Gewürze, die in den meisten Restaurants und Haushalten auf dem Esstisch stehen? Warum nicht Curry, Paprika oder Chilipulver? Und wer hat gesagt, es dürfen nur zwei sein und nicht drei oder fünf?

WER HAT BESTIMMT, DASS DER NORDPOL OBEN IST?

Die meisten Menschen scheinen genau das zu denken. Aber wenn ich aus dem Fenster meiner Wohnung in Sydney blicke, kann ich Ihnen im Brustton der Überzeugung sagen, dass der Südpol oben ist. Und, um ehrlich zu sein, sind oben und unten Konzepte, die davon abhängen, aus welcher Perspektive Sie die Erde sehen – vom Weltraum aus, von einem hohen Berg aus, vom Meeresspiegel aus …

WAS, WENN EINSTEIN FALSCH LAG?

Die am häufigsten zitierte geistreiche Bemerkung von Albert Einstein ist sicherlich seine Definition von Wahnsinn, nämlich dasselbe immer wieder zu tun und unterschiedliche Ergebnisse zu erwarten. Aber bereits Sokrates hat uns davor gewarnt, alles zu glauben, was im Internet steht.

Das Zitat stammt in Wirklichkeit aus einem vor mehr als dreißig Jahren herausgegebenen Flugblatt von Narcotics Anonymous und wurde seitdem vielen verschiedenen Urhebern zugeschrieben, unter anderem auch Albert Einstein. Und auch wenn es damals – oder wenigstens bis vor Kurzem – ein guter Rat war, so gilt er doch heute nicht mehr unbedingt.

DIE REGELN HABEN SICH GEÄNDERT

Das Marktgeschehen sieht heute sekündlich anders aus. Die ganze Welt befindet sich laufend in Bewegung. Dasselbe immer wieder zu tun und die gleichen Ergebnisse zu erwarten, ist heutzutage Wahnsinn. Doch die meisten Unternehmer und Firmen hängen in der althergebrachten Denkschleife fest. Die sich rasant verändernde und von der Technik getriebene Welt von heute verlangt es, Dinge neu- und andersartig zu tun.

Wenn Sie ändern möchten, wie Sie die Dinge anpacken, müssen Sie zuerst die Art und Weise ändern, wie Sie über die Dinge denken.

Ganz egal, in welcher Branche Sie arbeiten: Es scheint immer einen üblichen Weg zu geben, die Dinge zu tun, akzeptierte Praktiken und konventionelle Konzepte. Aber wie oft ist das nur eine Entschuldigung dafür, sich vor der diffizilen Arbeit des kritischen Denkens zu drücken?

Statt allgemein anerkannten Vorgaben zu folgen, wäre es besser, diese infrage zu stellen. Indem Sie dies tun, erweitern Sie die Bandbreite Ihres Denkens und werden offen für neue und andersartige Sichtweisen. Es gibt Millionen von Menschen, die Ihnen sagen können, warum etwas nicht funktioniert. Es liegt jedoch an Ihnen herauszufinden, wie Sie es zum Funktionieren bringen können.

Der größte Kreativitäts- und Innovationskiller ist unsere Bereitschaft, die Dinge in ihrem Status quo erhalten zu wollen. Wir mögen es, wenn wir alte Bekannte treffen und in bequemen Komfortzonen leben können. Und natürlich können wir uns selbst aus dem Rennen nehmen, indem wir sagen: „Nun ja, so hat man es eben schon immer gemacht."

Wenn Sie nun aber etwas in seinem ursprünglichen Zustand belassen, setzen Sie es genau genommen verändernden Kräften aus. Streichen Sie einen Zaun weiß und überlassen Sie ihn sich selbst, verfärbt er sich im Lauf der Zeit grau. Tun Sie noch länger nichts, wird er gar schwarz werden.

Kein Gegenstand (oder Prinzip oder Verfahren oder bewährtes Konzept) existiert in einem Vakuum. Selbst Dinge, die in Ruhe gelassen werden, sind den Einflüssen der sich verändernden Umwelt unterworfen. Vulkane erschaffen neue Inseln, Märkte passen sich an,

Muskeln verkümmern, Erde setzt sich, Beziehungen verändern sich, Wirtschaftssysteme korrigieren sich und Menschen sterben.

Das Durchschnittsalter eines Unternehmens der ursprünglichen Fortune-500-Liste von 1955 betrug fünfundsiebzig Jahre. Heute liegt der Durchschnitt bei zehn. In zehn Jahren wird er vermutlich bei weniger als fünf liegen. Auch die brillanteste Idee wird überholt, wenn man sie zu lange statisch erhält. Die Fragen, die man sich wirklich stellen muss, sind folgende: Welche anderen traditionell überlieferten Weisheiten haben Sie automatisch übernommen, weil man sagt, dass es eben so ist? Und wer zum Teufel ist „man"?

Als Unternehmer müssen Sie die Werkseinstellung, auf die Sie vermutlich programmiert sind (nein, das kann nicht funktionieren), ändern und eine neue Routine starten *(Sag niemals nie)*. Der Umfang der damit verbundenen Neuprogrammierarbeiten sollte nicht unterschätzt werden. Was uns zu der Frage bringt, wer sich tatsächlich hinter dem mysteriösen „man" verbirgt.

DIE MYSTERIÖSEN MENSCHEN HINTER DEM SYSTEM, DAS INSGEHEIM DIE WELT LENKT

Sie werden sich vermutlich fragen: „Wer sind diese Menschen und wie verhindert dieses System Innovation, Freidenkertum und den gesunden Menschenverstand?" Die Geschichte beginnt ganz harmlos an einem Taxistand am Londoner Flughafen Heathrow.

Peter, der Taxifahrer, in dessen Wagen ich stieg, hatte fast zwei Stunden in seinem Taxi warten müssen. Ich und knapp einhundert andere Menschen mussten an besagtem Taxistand in der schneidenden Kälte Londons über zwanzig Minuten auf ein Taxi warten.

Vielleicht fragen Sie sich jetzt, warum ich wie Millionen andere Reisende, die in Heathrow landen, so lange im eisigen englischen Winter habe warten müssen. Der Grund ist, dass die MYSTERIÖSEN MENSCHEN hinter dem SYSTEM, DAS INSGEHEIM DIE WELT LENKT, den Taxistand in Heathrow so konzipiert haben. Das System funktioniert folgendermaßen: DAS VERRÜCKTE GENIE

Ein Angestellter ist nur dafür da, ganz vorne in der Schlange zu stehen und den ankommenden Reisenden zu sagen, sie müssten warten. Das geht so lange, bis mindestens vierzig Personen vor Kälte schnatternd dastehen. Ein anderer Angestellter hat die Aufgabe, die Warteschlange entlang zu gehen und sich von den wütenden, frierenden Menschen beschimpfen zu lassen, die wissen wollen, warum niemand ein Taxi ruft. Dann bestellt der erste Angestellte per Funk vier der fünfhundert Taxis, die seit Stunden am Flughafen auf Fahrgäste lauern.

Der erste Angestellte weist die frierenden Reisenden an zu warten. Der zweite Angestellte überprüft, dass es sich bei den angekommenen Fahrzeugen tatsächlich um Taxis handelt. Dann erkundigt er sich bei der ersten Gruppe nach dem Fahrziel und begleitet sie zum ersten Wagen. Gruppen zwei, drei und vier werden gleichermaßen auf die anderen drei Taxis verteilt. Der zweite Angestellte geht die Warteschlange entlang und wird von den wütenden, frierenden Menschen beschimpft, die wissen wollen, warum niemand ein Taxi ruft.

Die Warteschlange ist inzwischen auf mehr als einhundert Leute angewachsen. Mitarbeiter eins bestellt per Funk weitere vier der fünfhundert Taxis, die seit Stunden am Flughafen auf Fahrgäste lauern, und der Vorgang wiederholt sich wieder und wieder, bis sich um vier Uhr morgens die Schlange aufgelöst hat ...

... und dann beginnt alles wieder von vorne.

Sie sind nun vielleicht der Ansicht, dass dieses System kontraproduktiv und dysfunktional ist. Vielleicht denken Sie, dieses System ließe sich mit wenigen Handgriffen vereinfachen. Doch dann würden Sie die MYSTERIÖSEN MENSCHEN hinter dem SYSTEM, DAS INSGEHEIM DIE WELT LENKT, infrage stellen. Darauf komme ich gleich noch einmal zurück.

Als ich es endlich an die Spitze der Warteschlange geschafft habe, fragt mich Mitarbeiter eins, wo ich hinmöchte, und schickt mich zu Taxi eins. So sitze ich also bei Peter im Wagen. Er räumt ein, dass es ihn frustriert, zwei Stunden lang auf einen Fahrgast warten zu müssen, aber er hat aufgegeben und den Status quo akzeptiert, der zweifellos von dem SYSTEM, DAS INSGEHEIM DIE WELT LENKT, vorgegeben wird.

Der eine oder andere von Ihnen wird nun denken, dass dieses Taxisystem eine Besonderheit darstellt, weil es aller Wahrscheinlichkeit nach von Bürokraten entworfen wurde, die diametral entgegengesetzt zu unternehmerischem und kreativem Denken planen. Sie werden denken, dass etwas Derartiges in der freien Wirtschaft niemals geschehen kann. Was ich nach meiner Ankunft in meinem Hotel in London erlebt habe, beweist allerdings, wie weit die konspirative Verschwörung der MYSTERIÖSEN MENSCHEN reicht.

Nachdem ich mich in meinem Hotelzimmer gemütlich eingerichtet habe, mache ich meinen Laptop an, um E-Mails zu checken. Ich habe eine Benachrichtigung über eine bevorstehende Konferenz erhalten und bin mir ziemlich sicher, dass es nur eine dieser Massenmails ist. Eigentlich will ich den Link gar nicht anklicken, denn ich hasse es, Spammer zu belohnen. Auf der anderen Seite bin ich immer bereit, meinen Verstand zu schärfen, und besuche gerne informative Veranstaltungen. Also klicke ich mich durch bis zur Website der Veranstaltung.

Die Konferenz sollte bereits in wenigen Monaten stattfinden, also konnte man wohl davon ausgehen, dass das Programm im Großen und Ganzen stand. Aber es waren weder einzelne Vorträge oder Workshops noch deren Moderatoren angegeben. Im Abschnitt Biografien waren keine Hintergründe zu den Sprechern hinterlegt. Die einzige Information auf der Registerkarte Eröffnungsvortrag lautete: „Wird zu einem späteren Zeitpunkt bekannt gegeben ..." Die einzigen Konferenztermine, die bereits feststanden, waren:

- Cocktailparty zur Einstimmung
- Cocktailparty zur Eröffnung
- Cocktailparty zur Halbzeit
- Cocktailparty zum Abschluss

Vielleicht halten Sie das für eine Konferenz, die sich speziell an Alkoholiker richtet. Nein, es handelte sich nicht um eine Alkoholikerkonferenz, es ging um *Marketing*.

Es ist noch nicht einmal eine Preisliste zu finden. Sie erfahren nur, dass sich Ihre Gebühren um 300 Dollar reduzieren, wenn Sie der Organisation der MYSTERIÖSEN MENSCHEN, die hinter der Veranstaltung steht, beitreten. Und nun raten Sie einmal, wie sich diese Organisation nennt, die eine Marketingkonferenz ohne Marketingbezug veranstaltet? Sie nennt sich ... *The Direct Response Marketing Alliance.*

Sicher fragen Sie sich, wie eine Organisation, die nicht die geringste Ahnung vom Direktmarketing hat, eine Konferenz über Direktmarketing abhalten möchte. Nun, so funktioniert es eben in dem SYSTEM, DAS INSGEHEIM DIE WELT LENKT.

Sie sehen, wohin uns das führt?

Ich beschließe, meine Kreditkarte nicht mit den Kosten für diese Marketingkonferenz zu belasten, am nächsten Tag früh aufzustehen, nach Kiew zu fliegen, dort meine Rede zu halten und noch am gleichen Tag nach London zurückzukehren (wo ich mir in weiser Voraussicht einen Mietwagen mit Fahrer bestellt habe). Am folgenden Tag mache ich mich wieder auf den Weg nach Heathrow, von wo aus mich British Airways zurück nach Kalifornien bringen soll.

Wieder habe ich einen Fahrdienst gebucht, und der Fahrer trainiert wohl gerade für die Formel eins. Jedenfalls bin ich unerwartet früh, mehr als zwei Stunden vor dem Abflug, am Flughafen. Als erfahrener Weltenbummler reihe ich mich in die Schlange an der Sicherheitskontrolle ein, in der einen Hand die ausgedruckte Bordkarte, in der anderen mein Handgepäck. Allerdings verweigert meine Bordkarte die Mitarbeit ...

Unheilvolle Darth-Vader-Erkennungsmelodie im Hintergrund

Die Bordkarte funktioniert nicht, weil BA meine Reisedokumente noch nicht überprüft hat. Sie denken nun vermutlich, dass dies Aufgabe der UK Boarder Patrol ist. Aber so funktioniert es eben nicht in dem SYSTEM, DAS INSGEHEIM DIE WELT LENKT. Die Grenzpolizei ist nämlich der Meinung, dass stattdessen die in Sachen Sicherheitsmaßnahmen und Grenzkontrolle hervorragend ausgebildeten Mitarbeiter der Fluggesellschaften am Ticketschalter dies tun sollten.

Ich gehe also an den Schalter von British Airways und lasse meinen Reisepass prüfen. Die Dame am Schalter sagt: „Ich kann Ihnen sagen, was das Problem ist. Wir setzen bei diesem Flug eine andere Maschine ein."

Ich frage nach der Sitzplatzverteilung in der neuen Maschine. Nicht anders, erfahre ich, als in der ursprünglich vorgesehenen. Ich möchte also wissen, warum ich dann nicht den gleichen Sitz bekommen kann. Sie kann mir im Moment gar keinen Sitz zuweisen, weil das SYSTEM, DAS INSGEHEIM DIE WELT LENKT, aktiv geworden ist und für die nächsten dreißig Minuten keine Sitzplätze vergeben werden können. Ich erkundige mich, ob ich eine vorläufige

Bordkarte erhalten kann, mit der ich durch die Sicherheitskontrolle kommen und im Corncorde Room warten kann. Sie informiert mich, dass das leider nicht möglich ist. (Stellen Sie sich nun bitte Yoda vor, wie er sagt: „Immeres nicht gemacht kann werden dabei.")

Also streife ich eine halbe Stunde lang wie ein verirrter Obdachloser durch die Eingangshalle, bevor ich mich wieder am Schalter melde. Die Dame informiert mich, dass das System noch weitere fünfzehn Minuten gesperrt sein wird. Ich hake erneut nach, ob ihr Vorgesetzter oder eine andere Person einen anderen Zugang zum System hat, damit ich endlich meine Sicherheitsfreigabe erhalte, die Bordkarte bekomme und in der Lounge warten kann. Sie wiederholt, dass das nicht zulässig ist.

Und um mich etwas aufzumuntern, fügt sie hinzu: „Das betrifft nicht nur Sie. Ich muss *jeden* Passagier, der auf diesen Flug gebucht ist, wegschicken." Irgendwie fühle ich mich trotzdem weder warm ums Herz noch besser. Aber ich weiß, dass es keinen Sinn hat, mit dem SYSTEM, DAS INSGEHEIM DIE WELT LENKT, zu diskutieren.

Ich warte die fünfzehn Minuten ab und werde wieder am Schalter vorstellig. Dort sitzt nun ein anderer Mitarbeiter und informiert mich, dass das System weitere fünfzehn Minuten gesperrt sein wird. Ich löse noch ein paar Sudokus und stehe nach fünfzehn Minuten wieder da. Der Mitarbeiter von vorhin ist weg und eine andere Dame hat seinen Platz eingenommen.

Sie informiert mich, dass das System noch *weitere* fünfzehn Minuten gesperrt sein wird. Ich weise sie darauf hin, dass sich diese zusätzliche Wartezeit mit der Einstiegzeit überschneidet. Sie erklärt mir, dass der Flug nicht pünktlich abheben wird, dass es sich aber nur um eine Verspätung von fünfzehn Minuten handelt. Nach einer

Viertelstunde bin ich wieder da, das System steht immer noch nicht wieder zur Verfügung. Fünf Minuten später ist es dann endlich soweit. Er erhalte meine Bordkarte und komme durch die Sicherheitskontrolle. Aber ich habe nicht mehr die Zeit, mich in die Lounge zu setzen. Ich muss zum Flugsteig rennen, wo Hunderte Menschen wartend herumstehen.

Die Anzeigetafeln informieren uns, dass der Flug pünktlich abfliegt, aber noch hat das Boarding nicht begonnen. Per Lautsprecherdurchsage werden wir informiert, dass es sich „aus verschiedenen Gründen" verzögert, aber in Kürze beginnt. Das Flugzeug wartet am Flugsteig. Die Abflugzeit nähert sich und verstreicht. Die Anzeigetafeln zeigen noch immer an, dass der Flug pünktlich abfliegt. Die nächste Durchsage verschafft Klarheit darüber, warum auch die Erste-Klasse-Passagiere noch nicht ins Flugzeug können: „Die Besatzung ist selbst noch nicht an Bord; ihr Gepäck hat die Sicherheitskontrolle noch nicht passiert." Ich muss sagen: Während der vielen tausend Flüge, die ich bereits hinter mich gebracht habe, habe ich etwas Derartiges noch nicht gehört.

Endlich dürfen die Passagiere an Bord gehen, die besondere Betreuung benötigen. Dann taucht die Besatzung auf. Die Passagiere der Ersten Klasse, so wird uns angekündigt, können leider noch immer nicht an ihre Plätze. Die Economy-Passagiere werden aufgerufen. Wiederum fünfzehn Minuten später sind die Passagiere der Ersten Klasse und die Elite-Mitglieder des Vielfliegerclubs endlich an der Reihe. Das Flugzeug, das laut Anzeigetafel pünktlich abfliegt, schließt mit fünfundsiebzig Minuten Verspätung die Türen.

Doch am faszinierendsten dabei ist folgende Tatsache:

Ursprünglich war für unseren Flug eine 777 vorgesehen. Diese wurde durch eine 777-300 ersetzt, welche über die gleiche Anzahl an

Sitzplätzen in der Ersten Klasse verfügt und fünfundsechzig zusätzliche Sitze im hinteren Teil der Maschine – keiner von ihnen war beim Abflug besetzt.

Sie werden sich jetzt sicher fragen, warum es so schwierig war, die Passagiere auf ein größeres Flugzeug zu verteilen, wenn es so viele leere Plätze gab. Oder warum – angesichts des identischen Sitzplans für die Erste Klasse in dem neuen Flugzeug – BA alle Kraft daran setzte, seine treuesten und lukrativsten Kunden derart zu verärgern.

Und vielleicht fragen Sie sich auch, wie Millionen Idioten nur annehmen können, eine Fluggesellschaft, die es nicht schafft, Flugzeuge pünktlich bereitzustellen, Sitzplätze zu vergeben und die Maschinen zu warten, sei in der Lage, diese zuverlässig in die Luft zu bringen und bei Geschwindigkeiten von mehr als 800 km/h in höchster Höhe sicher von A nach B zu transportieren. (Fragen Sie mal den Deppen, der das hier in elf Kilometern Höhe zu Papier bringt.)

Lassen Sie mich Ihnen erklären, warum.

Der Grund, warum wir an unbesetzten Taxiständen warten, Marketingkonferenzen von Leuten besuchen, die keine Ahnung vom Marketing haben, und inkompetenten Fluglinien unser Leben in schwindelerregenden Höhen anvertrauen, ist der gleiche, warum Unternehmen Websites einrichten, die Interessenten abschrecken, potenzielle Neukunden durch die Sprachboxhölle schicken, Leitbilder zwischen Tür und Angel erarbeiten, langweilige Werbung erstellen, Nachahmerprodukte entwickeln und ihre Zeit damit verbringen, sich über den Erfolg ihrer Konkurrenten den Kopf zu zerbrechen, anstatt ihr eigenes Unternehmen voranzubringen.

Sie glauben nämlich, was man ihnen sagt. Sie springen auf den Zug auf, weil dies jeder zu tun scheint und keiner gerne durch unangemessenes Verhalten auffallen möchte.

Es ist sogar schon vorgekommen, dass brillante Unternehmer ein bahnbrechendes Produkt oder Konzept entwickelt haben – nur um dann in die üblichen Praktiken und Verfahren derjenigen Branche zu verfallen, die sie eigentlich revolutionieren wollten. Ein perfektes Beispiel hierfür ist JetBlue Airways. JetBlue gehört ohne jeden Zweifel zu den erfolgreichsten Start-ups der Luftfahrtbranche der letzten dreißig Jahre. Und warum? Das lässt sich ganz einfach zusammenfassen: Man war bereit, die gängigen Praktiken über Bord zu werfen und eine Fluglinie unter ganz neuen Gesichtspunkten aufzubauen.

Man ist hergegangen und hat gewissermaßen die gesamte Branche auf den Kopf gestellt. JetBlue war die einzige Fluglinie mit einer Beinfreiheit, die den tatsächlichen Bedürfnissen der Passagiere entsprach, bequem gepolsterten Sitzen und gebührenfreier Gepäckaufgabe. Es gab kostenloses W-LAN und Satellitenfernsehen. Der Kabinenservice in der Economy-Klasse war so gut oder gar besser als der Service in der Ersten Klasse manch anderer Fluggesellschaften.

Jede andere Airline in den USA ist bestrebt, so viele Passagiere wie möglich in ihre Maschinen zu quetschen. Viele statten ihre Flugzeuge mit den bei Flugreisenden so verhassten „schlanken" Sitzen aus und überfluten die Passagiere mit unverschämten Zusatzgebühren für jedes Serviceangebot von der Gepäckaufgabe bis zur Sitzplatzreservierung.

JetBlue hat die Spielregeln neu geschrieben und quasi über Nacht Erfolge eingefahren: Sie galt als die beste amerikanische Fluglinie und konnte auf unzählige begeisterte Kunden zählen.

Und dann begann deren Management, auf die Analysten zu hören.

Ein oder zwei Quartale lang lagen die Geschäftszahlen einiger der renommiertesten Fluggesellschaften weit abgeschlagen hinter denen von JetBlue, als sich die Analysten lautstark zu Wort meldeten. Natürlich machte sich keiner von ihnen die Mühe darauf hinzuweisen, dass die meisten anderen Luftfahrtunternehmen in den vergangenen fünf Jahren Milliardenverluste eingefahren hatten, während JetBlue im gleichen Zeitraum ein gewaltiges Gewinnplus verbuchen konnte. Und keiner erwähnte, dass die anderen Flugunternehmen keinen guten Ruf bei ihren leidgeprüften Kunden hatten, die zu ihrem Bedauern bislang über keine Alternative verfügten, weil die fragliche Fluglinie die einzige war, die ihre Region bediente, oder sie durch ein Vielfliegerprogramm mit goldenen Fesseln an die Fluggesellschaft gebunden waren.

Die Wall-Street-Analysten schrieben in ihren kritischen Beobachtungen, dass JetBlue über ein „übermäßiges Marken- und höchstes Kundenbewusstsein" verfüge und es dem Unternehmen „an grundsätzlichem Geschäftssinn" fehle. Einer sagte: „Unserer Meinung nach wiegen der Nutzen von Anpassungen im kostenlosen Dienstleistungsangebot und der positive Effekt verengter Sitzabstände die möglichen Einbußen bei der Kundenzufriedenheit mehr als auf."

Diese Berichte fielen in der Vorstandsebene von JetBlue auf fruchtbaren Boden und im Handumdrehen kündigte die Fluggesellschaft an, Gebühren für Gepäckstücke zu erheben, fünfzehn zusätzliche Sitze in die Airbus-A320-Maschinen zu quetschen, auf die steinharten schlanken Sitze umzustellen und alte Flugzeuge zu überholen anstelle brandneue einzusetzen.

Die Analysten jauchzten angesichts dieser Nachrichten verzückt auf und versprachen den Investoren zusätzliche Einnahmen von 450 Millionen Dollar, die JetBlue in den kommenden vier Jahren generieren würde. Wenn nun aber dieses System angeblich so ertragreich ist, warum hat es dann in den letzten fünfzig Jahren weder bei Delta noch bei American, PanAm, Eastern, US Airways, Continental oder United Früchte getragen?

Die Reaktion der JetBlue-Kunden kam postwendend und tat weh. In den sozialen Medien und Blogs machten die Fluggäste ihrem Ärger Luft, über die Facebook-Seite von JetBlue ergoss sich ein Tsunami wütender, frustrierter und negativer Kommentare.

Der neu an Bord geholte CEO Robin Hayes sagte gegenüber Analysten, die Fluglinie erwarte „viel Lärm" angesichts der Änderungen, doch böte man noch immer „ein ansprechenderes Reiseerlebnis als die meisten anderen Flugunternehmen". In anderen Worten: „Wir sind dann immer noch ein bisschen besser als der restliche Schrott." Angesichts des desaströsen Zustands der US-Luftfahrtbranche trifft das vermutlich leider sogar zu. Es zeigt uns aber auch, wie sich avantgardistische und innovative Organisationen von mittelmäßigem Herdendenken anstecken lassen.

Wenn Sie sich von traditionellem Gedankengut infizieren lassen, sind Sie einfach nur ein Angestellter im Körper eines Unternehmers – und das ist äußerst gefährlich. Denn Unternehmer, die wie Angestellte denken, enden als solche. *Und Unternehmer sind als Angestellte unbrauchbar, das heißt, am Ende vernichten sie ihren neuen Chef oder werden von ihm eliminiert.* Um all diese Leben zu retten, möchte ich mit Ihnen einen Blick auf dieses Einbahnstraßendenken werfen und herausfinden, woher es kommt und wie man daran etwas ändern kann.

Wir denken in diesen Bahnen, weil wir darauf vertrauen, dass die MYSTERIÖSEN MENSCHEN hinter dem SYSTEM, DAS INSGEHEIM DIE WELT LENKT, wissen, was das Beste für uns ist.

Doch das tun sie nicht.

Ehrlich gesagt haben die MYSTERIÖSEN MENSCHEN hinter dem SYSTEM, DAS INSGEHEIM DIE WELT LENKT, nicht die geringste Ahnung. Sie sagen Ihnen, Sie sollen sich anpassen, ihrem Ratschlag folgen und ein braver Teil des Systems werden, denn „So werden die Dinge eben gemacht" oder „So tun wir das hier".

Lassen Sie mich Ihnen etwas über die MYSTERIÖSEN MEN-
SCHEN hinter dem SYSTEM, DAS INSGEHEIM DIE WELT
LENKT, sagen:

**Sie sind verrückt. Nicht nur ein bisschen neben der Spur, sondern
absolut und vollkommen durchgeknallt.**

Doch selber wissen sie nicht, dass sie verrückt sind. Sie werden
Ihnen gegenüber vermutlich sogar die Vermutung aufstellen, dass
Sie der Verrückte sind. Ihr Verstand wurde von so vielen negativen
Viren überflutet, dass sie die Fähigkeit verloren haben, unabhängig
zu denken. Sie halten sich selbst für individuelle Freigeister, sind aber
nichts weiter als vorprogrammierte Roboter.

Sie sind nicht böse. Wenigstens nicht vorsätzlich. Sie sind eben
nur wie die Mitarbeiter am Taxistand in London oder am Flughafen
in Heathrow. Sie sind einfache Angestellte, die es gut meinen, hart
arbeiten und ihren Job gut verrichten wollen. Manchmal stolpern auch
sie über Regeln, Verfahren oder Prozesse, die ihnen verrückt erscheinen. Aber sie nehmen an, dass die MYSTERIÖSEN MENSCHEN
dort oben mehr wissen als sie selbst, und übernehmen deshalb deren
Irrsinn. In Wahrheit sind sie derart in die Denkschablonen des Unternehmens gepresst, dass sie nicht länger rational denken können. Diese
Menschen bevölkern die Schreibtische der Büros auf allen Gehalts-
und Hierarchiestufen. Wenn Sie diesen Teufelskreis durchbrechen
möchten, müssen Sie konformes Denken über Bord werfen und ein
Freigeist werden.

Der amerikanische Arzt und Psychiater Walter Freeman machte
in den 1930ern seinen Abschluss in Neuropathologie. Allerdings
musste Freeman feststellen, dass er mit seinem abgeschlossenen Studium wenig anfangen konnte. Für psychische Erkrankungen gab es nur

unzureichende Behandlungsmöglichkeiten. Die Patienten wurden in Sanatorien verwahrt; Medikamente oder chirurgische Eingriffe gab es nicht. Bis Freeman ein operatives Verfahren eines europäischen Neurologen aufgriff und damit Patienten in Amerika zur Heilung verhalf. Heute kennen wir diese Praktik unter der Bezeichnung Lobotomie.

Er wurde als Held gefeiert angesichts der Leben, die er retten konnte, und des von ihm neu geschaffenen Feldes der Psychochirurgie. Er feilte so lange an der Technik, bis sie sich auch ambulant einsetzen ließ und einfacher, billiger und sicherer war als jedes andere Verfahren. Eine Vision und Mut waren nötig, um ein Heilverfahren zu erarbeiten, an das vorher noch niemand gedacht hatte.

Wir wissen heute, dass das noch nicht das Ende der Geschichte ist: Mit der Zeit wurde deutlich, dass sich dieser Eingriff nicht für jeden Patienten eignete. Es wurden andere, bessere Methoden gefunden und von den Medizinern übernommen. Die Lobotomie galt als eine historische Station auf dem Weg zu besseren und sichereren medizinischen Verfahren.

Freeman war ein großer Verfechter der transorbitalen Methode und reiste durch das ganze Land, um Tausende von Menschen zu behandeln, die dem Eingriff zustimmten. (Oder genauer gesagt: jene Patienten, für die jemand eine Zustimmung zur Behandlung erteilt hatte.)

Der Held Freeman wurde schließlich als Monster abgestempelt; die Lobotomie, ehedem ein brillantes, neues Verfahren, kam in Verruf. Warum? Weil Freeman dachte, er könnte seinen Geniestreich einfach unendlich oft wiederholen. Er nahm die immer wieder gleichen Handgriffe vor, erwartete identische Ergebnisse und wird heute von der ganzen Welt für verrückt gehalten.

VERSCHIEDENE DENKWEISEN

Es war der Mittwoch vor Thanksgiving. Mein Badezimmer sollte renoviert werden und vier Mann waren dafür abgestellt worden. Als ich um halb vier nach Hause kam, lehnte die Badezimmertür ausgehängt an der Wand und die Handwerker waren weg.

Schockierend, nicht wahr? Mitarbeiter, die sich vorzeitig in ein langes Wochenende verabschieden, weil sie von Fußball, Bierkisten und Netflix träumen und niemand da ist, der ihnen auf die Finger sieht. Sie tun das, was die meisten Angestellten tun: Sie denken wie Angestellte.

Später am gleichen Tag in einer Kunstgalerie: Ich fühlte mich von verschiedenen Kunstwerken angesprochen und konnte mich nicht so recht für eines entscheiden. Da tat der Galerist etwas sehr Kluges. Er machte mir das Angebot, die Gemälde zu mir nach Hause zu bringen und aufzuhängen, damit ich sie über das Feiertagswochenende auf mich wirken lassen könnte. Am Ende kaufte ich ihm dann drei Kunstwerke ab. Eigentlich sollte das gar nicht so überraschend sein. Er tat nur das, was ein kluger Geschäftsmann tun sollte: wie ein Unternehmer denken.

Es gibt allerdings noch eine dritte Gruppe, bei der es dann wahrhaft zauberhaft zugeht.

Wenn ich ihnen einen Namen geben dürfte, würde ich sie „Binnenunternehmer" nennen, aber inzwischen hat sich der Begriff „Intrapreneurship" durchgesetzt. Ganz egal, welche Bezeichnung Sie verwenden: was damit gemeint ist, sind angestellte Beschäftigte, die wie Unternehmer denken.

Das sind die Angestellten auf Mindestlohnbasis im Burgerladen – die ein waches Auge auf die Räumlichkeiten haben, die Tische abwischen, den Abfall wegbringen und dafür sorgen, dass auch die Toiletten makellos sauber sind. Oder die Lehrer, die einen Weg gefunden haben, den Lernstoff so zu vermitteln, dass er sich nicht nur für die Prüfung einprägt, sondern für das Leben. Oder die Leute in der Qualitätssicherung, denen gerade klar wird, dass ihre Firma viel Zeit und Geld sparen kann, indem die Reihenfolge des Herstellungs- und Prüfverfahrens geändert wird. Oder vielleicht die Texter, die an der Einführung des neuesten Apple-Produkts arbeiten. Oder der Barista bei Starbucks, der sich an Namen und Bestellungen der Stammkunden erinnert.

Oder der Ingenieur bei Amazon, der Büroangestellte bei Ace Hardware oder der Entwicklungsleiter einer gemeinnützigen Gesellschaft. Sie sind möglicherweise weder Inhaber noch Teilhaber am Unternehmen, aber das merkt man ihrem Einsatz für ihre Firma nicht an. Anstatt einer „Ich tue nur meinen Job"-Mentalität gehen sie jede Aufgabe mit der inneren Einstellung eines Unternehmers an.

Das ist die Philosophie, auf die sich Robin Sharma in *Jeder kann in Führung gehen* bezieht, und das Arbeitsethos, auf das sich Mark Sanborn in seinem Buch *Erfolgreich ohne Titel: Überzeugend führen mit Begeisterung und innerer Stärke* bezieht. Gemeint sind Menschen, die aktiv werden können und eingreifen wollen und dürfen. Wie schaffen

Sie es also, in Ihrer Organisation eine derartige Unternehmenskultur einzurichten?

Ich nenne es die 20/70/10-Formel, um die es im Wesentlichen geht. Zwanzig Prozent Ihrer Angestellten werden sich automatisch für den kleinsten gemeinsamen Nenner entscheiden. Das heißt, sie werden gerade so viel Einsatz erbringen, dass sie nicht entbehrlich werden, Wege suchen, Sie übers Ohr zu hauen, und Sie solange Kunden kosten, bis Sie sich von Ihnen trennen. Sie schädigen Ihre Kultur, denn was sie tun (oder lassen), höhlt die Moral der anderen Teammitglieder aus, die gute Arbeit machen möchten.

Zehn Prozent Ihrer Angestellten werden automatisch nach Posten mit Verantwortung streben. Tief im Inneren sind sie eigentlich Unternehmer und die Arbeit bei Ihnen dient dem einen oder anderen vermutlich als Station auf dem Weg zu einem eigenen Unternehmen. Auch wenn diese Mitarbeiter nicht unbegrenzt lange bei Ihnen bleiben werden, ist die Zusammenarbeit für beide Seiten von Vorteil. Sie erhalten kompetente und strebsame Mitarbeiter, die wiederum die Erfahrungen sammeln, die sie suchen. Sie sind bestrebt zu lernen, pflichtbewusst und loyal, entwenden kein Geld, auch wenn es offen herumliegt, und denken und handeln wie Unternehmer.

Wirklich faszinierend dabei ist folgende Tatsache: *Ihre Unternehmenskultur, die Firmenphilosophie, Visionen, Werte und Arbeitsregelungen zeigen bei diesen beiden Gruppen, die immerhin 30 Prozent Ihrer Belegschaft ausmachen, nahezu keine Wirkung.* Wer sie sind und wie sie sich verhalten, wurde von anderen Menschen schon lange vor Ihnen festgelegt – den Eltern, Lehrern, Trainern, Berufsberatern und anderen Personen, die Einfluss auf sie genommen haben.

Ihre eigentliche Aufgabe besteht darin, auf die übrigen 70 Prozent einzuwirken.

Das sind die Menschen, die Sie auf die eine oder andere Weise beeinflussen können und wo Sie Ihre Intrapreneure finden. Alle Organisationen, die sich als Unternehmen auszeichnen (sei es durch herausragenden Kundendienst, Innovationsarbeit oder anders), erreichen dies mithilfe von Strukturen, die jene 70 Prozent positiv gestalten; außerdem haben sie ein waches Auge auf die „unteren" 20 Prozent und tauschen diese gegebenenfalls aus.

Einige der Geschäftsführer von Unternehmen, die ich strategisch berate, haben inzwischen sehr effektive Pay-to-Quit-Programme aufgelegt. Ein Unternehmen stellt neu eingestellten Programmierern, die nach zwei Wochen ihren Arbeitsplatz lieber wieder zur Verfügung stellen wollen, eine Zahlung von 5000 Dollar in Aussicht. Ein anderes Unternehmen vergoldet einem Mitarbeiter die Kündigung nach einem Jahr Unternehmenszugehörigkeit mit der relativ hohen Summe von 75.000 Dollar. Auf diese Weise kann man sich einfach von Mitarbeitern trennen, die die Unternehmensvision nicht mittragen und lieber ausscheiden möchten. (Als Zappos von Amazon übernommen wurde, war man dort von dem bestehenden Pay-to-Quit-Programm so begeistert, dass man es übernommen hat.) Um ein erstklassiges Unternehmen zu erhalten und echten Unternehmergeist in den eigenen Reihen zu fördern, müssen Sie die 10 Prozent an der Spitze lenken, die „unteren" 20 Prozent regelmäßig sieben und die verbleibenden 70 Prozent pflegen. Ihr Leitbild bestimmt, wie Ihre Mitarbeiter auf allen Organisationsebenen denken.

Und glauben Sie nur nicht, das ließe sich durch kostenlose Massagen, Sportanlagen oder einen 5-Sterne-Küchenchef in der Cafeteria ändern. Ganz und gar nicht.

Ein Mitglied unserer Mastermind-Gruppe suchte Rat bei einigen seiner Kollegen. Es gab, so stand es in seiner E-Mail, ein Problem mit seinem größten Kunden, und er war verärgert, dass niemand die Verantwortung über- und sich der Sache annahm. Von uns wollte er gerne wissen, wie er seine Mitarbeiter dazu bewegen konnte, gewissenhafter zu sein und ihren Mann zu stehen, wenn es Probleme mit Kunden gab. Ich schrieb zurück: „Eines wissen wir nun sicher: Es hilft nichts, sie am Kuchen zu beteiligen!"

Denn das eigentlich Schockierende an diesem Fall ist Folgendes: Vor einigen Jahren hatte er die Firma an seine Angestellten verkauft, die Bücher lagen offen und alle Mitarbeiter wurden am Gewinn beteiligt. Bei seinem Tod oder Ausscheiden sollte sein verbleibender Anteil an das Team fallen. Wenn er nun bittere Tränen vergießt, weil niemand die Verantwortung übernehmen möchte, können Sie sich darauf verlassen, dass eine Inlineskatebahn nichts daran ändern wird.

Das soll nun nicht heißen, dass Kinderbetreuung, Massageangebote oder andere Vergünstigungen für Mitarbeiter etwas Schlechtes sind. Aber seien Sie sich bewusst, dass kostenloses Mittagessen in der Kantine oder andere Geschenke noch nie aus einem schlechten Angestellten einen guten Mitarbeiter gemacht haben. Nutzen Sie die Sonderleistungen als Lockmittel, suchen Sie sich anschließend die Besten aus und trennen Sie sich von denen, die nicht in Ihre Firma passen. Frei nach dem Motto: Die guten ins Töpfchen, die schlechten ins Kröpfchen.

In Buch drei werden wir noch einmal darauf eingehen, wie Sie eine Unternehmenskultur schaffen können, in der kritisches Denken, Innovation und Unternehmergeist groß geschrieben werden. Aber zuerst ist es hilfreich zu verstehen, warum so viele Menschen nicht kreativ, proaktiv oder unternehmerisch denken.

Warum ist die traditionelle Denkweise so rückständig und bremst Innovation aus, hindert Menschen daran, sich zu entfalten und lässt es nicht zu, dass Unternehmen bahnbrechende neue Entwicklungen und Fortschritte machen?

Warum lautet das Standardmantra immer „Das lässt sich nicht machen"? Um darauf eine Antwort zu erhalten, müssen wir uns näher mit *Memen* und der Programmierung des Unterbewusstseins befassen.

BEWEISE
LÜGEN DOCH

Jeder von uns verfügt darüber: über diese „wahren" Grundüberzeugungen, die wir aus erster Hand erfahren haben. Wir haben sie selbst erlebt, nicht wahr?

Genau genommen ist es aber so, dass unsere grundlegenden Überzeugungen zu den wichtigen Lebensfragen – Zufriedenheit, Geld, Beziehungen, Liebe, Sex, Religion etc. – bereits vor unserem achten Geburtstag vollständig ausgeprägt sind.

Sie werden von den kulturellen Erscheinungen oder Verhaltenselementen bestimmt, denen Sie ausgesetzt sind und die Sie zur Nachahmung anregen. Sobald Sie mit einem solchen Mem infiziert sind, entwickeln sich Ihre Lebensüberzeugungen basierend auf ebendieser Annahme. Nach dieser Erstinfektion suchen Sie nach Menschen, Informationen und Erfahrungen, die „beweisen", dass die gewählten Verhaltensgrundlagen zutreffend sind.

WAS IST DENN NUN
EIN MEM?

Der Begriff *Mem* wird häufig für ein Bild oder GIF verwendet, das man mit einer Unter- oder Überschrift versehen und in sozialen

Medien veröffentlichen kann. Sie heißen so, weil sie Vorstellungen transportieren, die sich jedem erschließen, unabhängig davon, ob man sie das erste Mal oder zum hundertsten Mal sieht: Lazy College Student, „Am I the only one around here?" – auch bekannt als Angry Walter – oder First World Problems Girl.

Ein Mem ist sowohl eine Erscheinung als auch ein Replikator. Dieser Virus befällt Ihren Verstand und verhält sich dort wie ein Computervirus. Betrachten Sie es als Phänomen, das Menschen eine gewisse Denk- oder Sichtweise aufzwingt oder zu bestimmten Handlungen animiert. Es trägt zur soziokulturellen Evolution bei.

Ein Chart-Hit wie Pharells „Happy" ist ebenfalls ein Mem, vergleichbar mit einprägsamen Jingles oder Slogans. Man hört es, man hat es im Ohr und man steckt andere an, indem man es mit ihnen teilt. Auch „Just do it" und „Where's the beef?" sind solche ansteckenden Kulturphänomene, genauso wie die Vorstellung, dass alle reichen Menschen böse sind.

Der Begriff *Mem* kam erstmals in den 1970er-Jahren auf und entstammt Richard Dawkins' Buch *Das egoistische Gen*. Er verkürzte den griechischen Terminus *Mimeme* zu dem Kunstwort „Mem", welches als kulturelles Pendant zu Gen gelten sollte.

Ein *Mem-Komplex* ist eine Vernetzung von einander bedingenden Memen zu einem Glaubenssystem. Ihr Verstand wurde nicht nur mit tausenden Memen infiziert, sondern auch mit zahlreichen Mem-Komplexen überfrachtet, *die zumeist mit Erfolg und Wohlstand nicht vereinbar sind.* Viele der am weitesten verbreiteten Vorstellungen – Geld ist schlecht, Menschen mit Geld sind böse, nur wer arm ist, ist moralisch und so weiter – führen dazu, dass Sie Ihren eigenen Erfolg torpedieren. Vordergründig streben Sie nach Gesundheit,

Zufriedenheit und Erfolg, doch im Hintergrund arbeitet Ihr Verstand daran, Sie krank, unglücklich und arm zu halten.

Das trifft in gleichem Maß auf alle Verhaltenselemente und Bewusstseinsinhalte rund um Handel, Unternehmen und die Geschäftswelt zu. Auch für einen erfolgreichen Unternehmer ist es schwer, sich nicht von der vorherrschenden, unterbewussten Programmierung einnehmen zu lassen, die uns suggeriert, dass erfolgreiche Firmen gierig sind, die Arbeiter ausbeuten und/oder bis aufs letzte Hemd ausziehen, plündern, brandschatzen und die Umwelt zerstören, nur um sich selbst die Taschen vollzustopfen. Und selbst wenn Sie sich von diesem Gedankennetz befreien können, laufen Sie immer noch Gefahr, sich in dem herkömmlichen oder Herdendenken zu verstricken, das die Geschäftswelt fest im Griff hat.

WAS, WENN SICH BUDDHA IRRTE?

Siddhartha Gautama Buddha hatte weder von Memen gehört noch die geringste Vorstellung davon. Doch stammen von ihm einige der bedeutendsten Meme, die auch heute noch Bestand haben. Er sagte: „Glaubt nicht dem Hörensagen und heiligen Überlieferungen, nicht Vermutungen oder eingewurzelten Anschauungen, auch nicht den Worten eines verehrten Meisters; sondern was ihr selbst gründlich geprüft und als euch selbst und anderen zum Wohle dienend erkannt habt, das nehmet an."

Ein weiser Rat. Außer er entpuppt sich als das Gegenteil.

In unserer modernen Kultur werden Sie pausenlos einer Gehirnwäsche unterzogen und neu indoktriniert. Beschleunigt wurde dieses

Phänomen noch durch die allgegenwärtigen Medien und die Technologie, mit der es sich verbreitet.

Sofern Sie sich nicht dem kritischen Denken verschrieben haben und Ihre Grundüberzeugungen ernsthaft auf den Prüfstand stellen – und hinterfragen, wie Sie überhaupt dazu gekommen sind –, ist auch das, was Buddha „euch selbst und anderen zum Wohle dienend" nannte, weder das eine noch das andere.

Sie und Ihr Team arbeiten möglicherweise vordergründig daran weiterzukommen, doch unterschwellig untergraben Sie Ihren eigenen Erfolg durch pessimistisches Gedankengut oder abgeleitete Gedanken, die in Mittelmäßigkeit münden.

Wenn Ihnen jemand sagt, etwas sei unmöglich, meint er üblicherweise, es ist schwierig. Wenn Ihnen jemand sagt, etwas lasse sich nicht umsetzen, gehen Sie einen Schritt zurück und überlegen sich, warum es sich nicht umsetzen lässt. Gehen Sie den Begründungen auf den Grund. Möglicherweise entfernen Sie ein Hindernis, nur um auf das nächste zu stoßen, aber tief unter allem begraben ist vermutlich ein Mem, das an dieser Stelle blockiert. Beginnen Sie mit einer fehlerhaften Voraussetzung, sind alle weiteren Annahmen ebenfalls fehlerbehaftet. Lassen Sie sich doch von einer kleinen, praktischen Herausforderung nicht mental ausbremsen.

DER VERSTAND DES UNTER- NEHMERISCHEN KÜNSTLERS

Henry Ford zitierte gerne das Bonmot, dass seine Kunden auf die Frage nach ihren Wünschen vermutlich gesagt hätten: „Schnellere Pferde." Dieser Spott wirft ein Schlaglicht auf die Frage, wie Unternehmer Innovation schaffen: Sie verfügen über die Fähigkeit, etwas zu sehen, das es gar nicht gibt. Noch nicht gibt.

Jede bahnbrechende Entwicklung oder Innovation wird zweimal geboren – erst in der Vorstellung des Visionärs und ein zweites Mal in der realen Welt.

Was uns wieder zurückbringt zu Shakespeare, die Feder in der Hand und bereit, sie in das Tintenfass zu tauchen; zu Michelangelo, der seinen Stein bearbeitet; zu Verdi, der sich den Kopf darüber zerbricht, welche Arie er seiner Heldin als Nächstes in den Mund legen soll.

Steve Jobs wurde die Frage gestellt, ob Apple Zielgruppenuntersuchungen durchführt. Er antwortete unverblümt, dass es nicht Aufgabe seiner Kunden sei, zu wissen, was sie wollten. Das sei Aufgabe des Unternehmers.

Das ist Ihre Aufgabe. Und um diese zu erfüllen, müssen Sie größer, höher, weiter denken. Das Genie weiß, was seine Kunden wollen. Verrückte Genies wissen, was sie wollen, sobald sie es entdecken.

BUCH
ZWEI

DIE GESCHICHTE DER ZUKUNFT

Fragen Sie einmal einen x-beliebigen Passanten auf der Straße, warum vor Christoph Kolumbus niemand Amerika entdeckt hat, und Sie werden als Antwort erhalten: Weil jeder dachte, die Erde sei flach.

Es ist eine sehr beruhigende Geschichte. Kolumbus musste keine Angst haben, denn er hielt sich an Fakten, während alle anderen Menschen ihrem Irrglauben folgten. Allerdings verhielt es sich ganz anders.

Es war nämlich Kolumbus, der sich im Irrtum befand. Die Welt war auf der Suche nach dem schnellsten Seeweg von Europa nach Asien, denn die einzige Route führte bislang um die Spitze Afrikas herum. Kolumbus nun dachte, er könne einfach in die andere Richtung segeln, um Asien zu erreichen; doch er unterschätzte den Erdumfang gewaltig.

Als Kolumbus Segel setzte, um nach Westen zu fahren, kannte er die Passatwinde besser als jeder andere seiner Zeitgenossen, doch niemand wusste, was er weit draußen auf dem Meer alles antreffen würde. Kolumbus hatte jeden Grund, die Reise nicht anzutreten. Genau deshalb hatte noch niemand vor ihm das Abenteuer gewagt.

Doch Kolumbus wusste auch, dass es irgendwann jemanden geben würde, der nach Westen segeln und Land erreichen würde, und dieser jemand wollte er sein. Was ihn auszeichnete war das Wissen, dass die Zukunft eines Tages geschehen würde und er die Gelegenheit hatte, seine Spuren zu hinterlassen.

Die gleichen Möglichkeiten haben auch Sie.

Wir stehen an der Schwelle zu einem Jahrzehnt, das als das wachstumsschnellste in der Geschichte der Menschheit gelten wird. Zwischen heute und 2026 werden wir dramatische Erschütterungen in nahezu allen Branchen, Berufsständen und im Geschäftsverkehr erleben.

Die Gentechnik wird es Eltern möglich machen, Designerbabys mit ganz bestimmten körperlichen Merkmalen, Intelligenzlevels und Persönlichkeiten zu bestellen. Durch die Möglichkeit, Menschen zu klonen, werden Arbeitsmarkt, Wirtschaft und das gesamte gesellschaftliche Gefüge aus den Fugen geraten. Gesundheit und Wellness werden zu einer viele Milliarden schweren Branche mutieren, die durch Nutrigenomik und Biohacking weitere Erschütterungen erfahren wird. Aktuell hinken die meisten Heilberufe, Pharmaunternehmen, Klinikketten und Versicherer Jahrzehnte hinter der Entwicklung hinterher und müssen radikal umdenken lernen.

Virtuelle Lager, die über QR-Codes oder ähnliche Techniken gesteuert werden, werden traditionelle (und Online-)Händler vor größte Herausforderungen stellen. Der Markt wird vollkommen neu aufgeteilt werden, wobei der Löwenanteil an die Direktverkäufer und Netzwerkvertreiber fallen wird. In nicht allzu ferner Zukunft wird der Einzelhandel sich der Realität stellen und akzeptieren müssen, dass sein Geschäftsmodell vor über zweihundert Jahren geschaffen wurde – und sich seitdem nicht mehr weiter-, sondern nur noch zurückentwickelt hat und heute mehr Parasiten zwischen Hersteller und Verbraucher beherbergt, als vor zweihundert Jahren denkbar waren.

Digitale Brieftaschen werden Kredit- und EC-Karten ersetzen und möglicherweise sogar unsere Währungen in Bedrängnis bringen. Dezentrale, digitale Peer-to-Peer-Zahlungssysteme wie Bitcoin oder andere Abwicklungsnetzwerke mischen die Branche weiter auf. Wenn Sie im Bank- oder Finanzwesen tätig sind, werden Sie sicherlich nicht überleben können, wenn Sie auf der aktuellen Denkebene stehenbleiben.

3D-Druck wird den größten Paradigmenwechsel in der Produktion seit der Industrialisierung darstellen. Smarte Geräte werden viele

Pioniere zu Milliardären machen. Es ist höchste Zeit, die Fertigung unter einem ganz neuen Licht zu betrachten. Diese Drucker werden nahezu *alle Branchen* betreffen. (Noch während ich dies hier schreibe, haben Ärzte in Michigan mithilfe eines 3D-Druckers ein lebensrettendes Implantat für ein krankes Kleinkind angefertigt.)

Die Unterhaltungsbranche gehört zu den weltweit größten Wirtschaftszweigen und ist selbst bereits von den Erschütterungen betroffen. Doch das ist erst der Anfang. Die Grenzen zwischen Rundfunkübertragung, Kabelsendungen und internetbasierten Inhalten verwischen zunehmend. Inhalte lassen sich nicht mehr nur auf fest zugeordneten Bildschirmen sehen. Ich prophezeie, dass es eine neue Einrichtung geben wird, die ich Virtual Reality Gaming and Gambling Studios (VRGGSs) nennen möchte; diese werden die Welt überfluten und unmittelbar zu einer milliardenschweren Industrie werden.

Neben dem Kampf um Marktanteile innerhalb der VRGGSs werden die gleichen Akteure mit zahllosen anderen um die Kontrolle über das Streamen von Videoinhalten aus der Cloud ringen.

Wie groß ist denn nun der Kuchen, von dem jeder sein Stück abbekommen möchte?

Während ich diese Worte zu Papier bringe (und die Zahlen werden noch viel größer sein, wenn Sie diese Zeilen lesen), werden jeden Tag auf YouTube vier Milliarden Videos angesehen (das sind mehr als achtzig Millionen Stunden). Auf Facebook ist es eine weitere Milliarde. Zwischen 21 Uhr und Mitternacht entfällt ein Drittel des gesamten Downstreaming-Verkehrs im Internet auf Netflix. Der Durchschnittsbürger in den Industrieländern sieht jeden Tag zwischen fünf und sechs Stunden fern. Es stehen inzwischen verschiedene Apps zur Verfügung, mit denen sich alle verfügbaren Programminhalte bequem durchsuchen lassen: Satelliten- und Kabelfernsehen, Pay-TV,

Internetfernsehen von Anbietern wie Netflix und Hulu. Vergessen Sie den alten Videorekorder, um sich Ihre Lieblingssendungen aufzunehmen. Ihre Inhalte werden samt und sonders in einer virtuellen Box in der Cloud für Sie hinterlegt. Um das Menü noch etwas pikanter zu gestalten, würzen wir außerdem mit virtuellem Sex und virtuellen Freundschaften nach. Wenn Sie also der Betreiber eines Filmstudios sind, eines Fernsehnetzes, Kabelunternehmens, Kasinos, Theaters, Opernhauses, sozialen Netzwerks, Radiosenders, einer Video-Sharing-Website oder irgendeiner der vielen hundert anderen Entertainmentfirmen – sollten Sie sofort anfangen, höher und weiter zu denken.

MOBILE TECHNIK ÄNDERT ALLES. MAL WIEDER.

Die mobile Technik verändert über kurz oder lang, wie wir kaufen oder verkaufen, wie wir Bindungen und Beziehungen aufbauen, lernen und, kurz gesagt, wie wir unser Leben leben. Wir nähern uns mit großen Schritten dem Moment, wo unser Planet von fünf Milliarden Smartphones bewohnt wird. Und niemand weiß genau, wie viele smarte Uhren oder andere am Körper getragene Geräte oder gar Implantate im Umlauf sind.

Sie haben sicherlich schon bemerkt, dass die Zahl der Apps exponentiell gestiegen ist. Aber Sie werden sicherlich nicht ermessen können, welche Erschütterungen sie in den kommenden zehn Jahren auslösen werden. Die gesamte Geschäftswelt (und viele andere

Bereiche noch dazu) beruht auf Marketing. *In den kommenden zehn Jahren werden mobile Apps das Marketing mehr erschüttern als Zeitungen, Radio, Direktwerbung, Fernsehen und Internet zusammen.* (Und wenn Ihr Job im Marketing ist, sollten Sie den letzten Satz gleich noch einmal lesen.)

Dafür gibt es zwei ganz einfache Gründe:

- Apps bringen Bewegung an jeden Ort.
- Apps entziehen dem Werbetreibenden die Kontrolle zugunsten des Verbrauchers.

Schauen wir uns das doch einmal etwas genauer an, und lassen Sie uns mit der lokalen Dynamik beginnen. (So faszinierend es auch ist zu analysieren, wie sich die Technologie verändern wird, wir lassen das außen vor. Uns soll es um die Veränderungen gehen, die die mobile Technik mit sich bringt und wie von uns als Unternehmern Denkleistung auf einer höheren Ebene erwartet wird.)

Nehmen Sie die GPS-Technologie, verbinden Sie sie mit der revolutionären Möglichkeit des Users, Internet-Inhalte zu erzeugen und zu kontrollieren, fügen Sie dem noch die exponentielle Vermehrung der mobilen Geräte hinzu, und Sie haben eine brisante Mischung, die die Werbewirtschaft zum Schwitzen bringt wie kein erschütterndes Ereignis zuvor.

Mobile Apps sind für das Internet das Gleiche wie Valpak Direct Marketing Systems, Inc. damals für die Direktwerbung – als hätte die Firma einen Spion unter den Betten der US-Amerikaner platziert, der Coupons für Produkte und Dienstleistungen in deren Briefkasten wirft, sobald sie auch nur erwähnen, dass sie sich dafür interessieren.

Sie halten das für Zukunftsmusik? Denken einmal ganz kurz nach. Mobile Apps eröffnen Marketingprofis Chancen, von denen sie bislang nur träumen konnten. Lokale Firmen wie Nagelsalons, Friseure und Restaurants können Gutscheine und Einführungsangebote per SMS an jedes Gerät versenden, das auf der Straße vorbeikommt. (Ganz egal ob deren Besitzer vorbeigehen, -fahren und bald wahrscheinlich auch -fliegen.) Mobile Apps werden der Werbebranche neue Segmente, Zielgruppen und Direktheit bescheren wie nie zuvor. Für die Marketingprofis bedeutet das, sie erhalten vollen Zugang zu und Kontrolle über interessante Kundenzielgruppen.

Gleichzeitig müssen sie einen großen Teil der Kontrolle abgeben, denn die meisten der populärsten Apps werden von Drittherstellern angeboten und nicht von den Firmen, die sie für ihre Werbezwecke benutzen.

Während Sie jetzt vielleicht immer noch eine App entwickeln möchten, um Ihre alten und neuen Kunden zu umwerben, verblassen deren Anwendungsmöglichkeiten und Nutzen vermutlich im Vergleich mit Anwendungen, die andere auf den Markt werfen.

Greifen wir noch einmal das Beispiel mit der Luftfahrtbranche auf: Wir können davon ausgehen, dass Fluggesellschaften wie Delta, British Airways und Lufthansa auch in Zukunft Apps anbieten werden, die von den Teilnehmern der jeweiligen Vielfliegerprogramme sicher bereitwillig genutzt werden. Doch die am meisten abgerufenen und verwendeten Apps werden solche sein, die Dritte konzipieren: in denen Reisende nämlich erfahren, welche Fluglinie über die meiste Beinfreiheit verfügt, welcher Flughafenterminal einen Massagesalon beherbergt, welche Restaurants sich in unmittelbarer Nähe des Flugsteigs befinden, ob sich das nur schwer zu findende Mitbringsel in einem der Umsteige- oder Zielflughäfen auftreiben lässt, wie man an einen Gangplatz neben einem unbesetzten Mittelplatz kommt, welche alternative Reiseroute doppelte oder dreifache Vielfliegerpunkte abwirft, welche Fluggesellschaft die aktuellsten Spielfilme im Angebot hat, wie lange sich der Abflug wegen der technischen Störung *tatsächlich* verzögert, wie die Qualität der Mahlzeiten an Bord bewertet wird, Statistiken zu Verspätungen, verloren gegangenem Gepäck oder zur Sicherheitsbewertung des Piloten – wobei das Letzte für Menschen mit Flugangst besonders von Belang sein dürfte.

Die App von American Airlines wird Ihnen sicherlich vorenthalten, dass die gewählte Code-Sharing-Verbindung mit der Partnergesellschaft bedeutet, dass Sie in JFK Ihr Gepäck in einem abgelegenen, schmuddeligen Gebäude in einem anderen Terminal abholen und zu Bus oder Bahn schleppen müssen. Die Drittanbieter-App sagt es Ihnen.

Die App Ihres Delikatessenmarktes um die Ecke erlaubt es Ihnen, Ihre Mahlzeiten vorzubestellen oder liefern zu lassen. Was sie Ihnen aber nicht mitteilen wird, ist, dass beim Gesundheitsministerium noch Verfahren anhängig sind oder der Rechtsstreit um die Lebensmittelvergiftung noch nicht abgeschlossen ist. Die Drittanbieter-App sagt es Ihnen. Der Schönheitssalon in Ihrer Straße bietet Ihnen Terminvereinbarungen zur Pediküre per App an. Aber Sie erfahren nicht, dass die Zahl der Kunden, die dort mit Kreditkarte zahlen und Opfer eines Identitätsdiebstahls geworden sind, erschreckend in die Höhe geschnellt ist.

Apps haben unser Kaufverhalten bereits dramatisch verändert. David Matthies vom App-Entwickler Fewer Pixels sagt: „Bevor Kunden heute ein Produkt im Internet bestellen, haben sie bereits zehn oder mehr verwandte Inhalte abgerufen. 2008 waren es nur drei. Ganz offensichtlich lässt sich das auf die mobile Technik zurückführen.

Noch nie zuvor hatten so viele Menschen mobilen Zugang zu Content. Sie tragen ihn quasi immer bei sich."

All den kühnen Prognosen zur mobilen Technik lässt sich noch Folgendes hinzufügen: Sie reichen noch lange nicht weit genug. Irgendjemand wird irgendwann eine Idee haben, wie sich zwei Technologien kombinieren lassen, die heute niemand miteinander in Verbindung bringt. Wenn das Ergebnis auf dem Markt ist, wird jeder sagen: „Genauso funktioniert es", und alle werden es haben wollen. Im Moment hören Sie vielleicht eine Stimme in Ihrem Kopf, die Ihnen zuruft, dass das eine nicht funktioniert, das andere keine Abnehmer findet, das dritte zu teuer ist, um es überhaupt in Betracht zu ziehen. Vieles ist tatsächlich nicht machbar. Aber was sich umsetzen lässt, setzt ganz neue Impulse.

Mobile Technik ist nicht wichtig, weil Menschen so gerne auf den Bildschirm ihres Handys starren. Sie ist so wichtig, weil ihre Weiterentwicklung bedeutet, dass Menschen in Zukunft immer leistungsstärkere Computer bei sich tragen, die sie einsetzen, wenn sie zum Beispiel Kaufentscheidungen treffen. Viele Smartphones sind wahrhafte digitale Brieftaschen – oder können es mit den entsprechenden Apps werden.

Alle sind mit einem einzigen Passwort zugänglich; Sie können Ihre Handtasche und den Geldbeutel getrost zu Hause lassen und nur Ihr Smartphone oder ein smartes Gerät mitnehmen. Egal welchen Markt Sie betrachten, folgen Sie dem Geld. *Oder in diesem Fall: Folgen Sie den Menschen, die bargeldlos zahlen.*

Eines dürfen Sie im Hinblick auf mobile Apps nie vergessen – und die meisten Marketingprofis und Unternehmer scheinen genau das zu tun:

Der Grund, warum die Apps von Drittanbietern so erfolgreich sind und weiter sein werden, ist die andersartige Herangehensweise an Konzeption und Zielsetzung. Die meisten Unternehmen gestalten ihre Apps in der Erwartung, ihren Kunden möglichst viel Geld aus den Taschen zu ziehen. *Drittanbieter legen bei der Entwicklungsarbeit der Apps die Erwartungshaltung der Kunden zugrunde: Wie wollen diese das Produkt oder die Dienstleistung einsetzen? Ihr Maßstab sind das Kaufverhalten und die Kaufintention der Kunden.*

Wir wissen, dass eine freie Marktwirtschaft beständig von innen heraus erneuert wird. Aber wer hätte sich ausmalen können, welch kreative Zerstörungskraft in einem Smartphone und den installierten Apps steckt? Denken Sie nur an den Aufruhr in der Taxibranche, der von App-Vermittlungsdiensten für Fahrdienstleistungen wie Uber, Lyft und Sidecar angestoßen wurde.

Solche Apps zwingen uns nicht nur dazu, unser Bild vom Marketing zu überdenken. Sie zwingen uns dazu, *alles zu überdenken.* Graben wir an dieser Stelle noch ein wenig tiefer.

In diesem Konflikt stehen sich Vermarkter (die potenziellen Kunden genau dort ein Angebot machen können, wo sie kaufen möchten) und Kunden (die Inhalte lenken, Händler bewerten und den Kaufprozess steuern) gegenüber. Es sieht nach einer Auseinandersetzung bis aufs Blut aus. Die großen Gewinner sind jene Unternehmen (auf beiden Seiten), die als erste die Lage peilen.

Während ich dieses Manifest verfasse, wird Google auf ein Kurs-Gewinn-Verhältnis von achtundzwanzig geschätzt, Microsoft auf achtzehn und Apple nur auf zehn. Der Grund dafür ist die mobile Technik. Google stellt den Smartphone-Herstellern sein Android-Betriebssystem kostenlos zur Verfügung. Damit verbunden ist Google

Search, was dem Unternehmen wiederum einen starken Marktanteil bei der mobilen Suche beschert. Firmen, die mobile Suchfunktionen kontrollieren, können saftige Gewinne einstreichen, indem sie die Suche zu ihren eigenen Angeboten lenken und/oder Interessenten, Verkäufe oder Zahlungen an andere vermitteln.

Doch die treibende Kraft hinter der mobilen Technik ist viel stärker als Geld.

Was wirklich dahinter steckt, sind menschliche Bedürfnisse und unser Wunsch nach einer immer schnelleren, einfacheren und besseren Erfüllung derselben. Sie müssen gar nicht weiter blicken als zu der App, die Jason DaSilva entwickelt hat. Jason war ein aufstrebender Dokumentarfilmregisseur, als sein Leben im Alter von fünfundzwanzig Jahren eine dramatische Wendung nahm: Er erkrankte an Multipler Sklerose. Es fiel ihm zunehmend schwerer, sich zu Fuß fortzubewegen. Erst war er auf einen Gehstock angewiesen, dann auf eine Gehhilfe und letztendlich einen Rollstuhl oder ein Elektromobil. (Und selbstverständlich machte er daraus einen äußerst bewegenden Dokumentarfilm mit dem Titel *When I Walk*.)

Zunehmend frustriert von der ernüchternden Suche nach barrierefreien Restaurants, Läden, Toiletten und anderen öffentlichen Räumen rief er AXSMap ins Leben, das sich inzwischen zu einer Bewegung weiterentwickelt hat mit dem Ziel, eine offene Datenbank mit allen barrierefreien Räumen einzurichten (axsmap.com).

Benötigen Ihre Kunden einen Service oder ein Produkt, den bzw. das die mobile Technik noch nicht liefert? Können Sie den Kunden damit versorgen? Wenn Ihre Antwort ja und nein (in genau dieser Reihenfolge) lautet, stecken Sie in Schwierigkeiten. Nur weil Sie es nicht können, heißt es noch lange nicht, dass das niemand kann.

BIG DATA,
DIE WENDE

Mit der Entwicklung dieser Drittanbieter-Apps wird sich ironischerweise auch die Wahrnehmung der Dynamik von Big Data grundlegend verändern. Auf dem Höhepunkt des Dot-Com-Booms wurde ein schreiend komischer *Dilbert*-Cartoon veröffentlicht. Wally nahm die letzten sechs Haare auf seinem Kopf zusammen und band sie zu einem Pferdeschwanz. Die hypnotische Kombination aus Ingenieur, Pferdeschwanz und Tekkiesprache verzauberte die Risikokapitalgeber derart, dass sie bereit waren, Millionen Dollar in ein nicht existentes Start-up-Unternehmen zu investieren.

Einen vergleichbaren Hype löst heute der Begriff Big Data aus. Ich garantiere jedem professionellen Redner oder Konferenzmoderator vollbesetzte Säle, wenn er in seinem Programmtitel irgendwo Big Data platziert. Dabei ist die Branche völlig egal.

Unternehmen in aller Welt läuft bereits das Wasser im Mund zusammen bei dem Gedanken, wie sie die Daten in mundgerechte Häppchen für mikrozielgerichtete Angebote zerlegen können, um punktgenau die richtigen Interessenten anzusprechen. Die damit verbundenen Möglichkeiten für die Marketingbranche lassen sich gar nicht hoch genug einschätzen. Die Flut an Drittanbieter-Apps, die über uns schwappen wird, gibt den Konsumenten allerdings auch die Chance, dies zu ihren eigenen Gunsten auszunutzen. Die Karten wären damit wieder gerecht verteilt oder halten möglicherweise sogar einen Vorteil für den Verbraucher bereit. Mithilfe dieser Apps können Marktteilnehmer einfacher Dinge erwerben, sie erhalten besseren Service und günstigere Preise.

Ein perfektes Beispiel hierfür ist die App Rental Pics für Bildaufnahmen, die von einem ehemaligen Franchisenehmer einer Mietwagenagentur entwickelt wurde. Ursprünglich hatte er dieses Kamerasystem für sein Mietwagengeschäft konzipiert. Inzwischen hat er seine Firma verkauft und die App verbrauchertauglich überarbeitet.

Viele Kunden fühlen sich von Autovermietungen bei vorgeblichen Schadensforderungen über den Tisch gezogen und halten dies nur für eine Masche, den Profit zu erhöhen. Die meisten Mietwagenfahrer überprüfen bei der Übernahme ein Fahrzeug nicht auf jeden mikroskopisch kleinen Blechschaden und fallen aus allen Wolken, wenn sie bei der Rückgabe solche Kratzer und Beulen in Rechnung gestellt bekommen. Diese App führt Sie nun durch dieses Labyrinth. Sie hilft Ihnen dabei, die richtigen Vorher-nachher-Bilder zu machen, und zeigt Ihnen, was Sie dokumentieren müssen.

Dies ist nur ein Beispiel für Millionen andere, wie Technologien, die ursprünglich für einen Geschäftszweig entwickelt wurden, einen neuen Zweck bekommen können.

Während Unternehmen die Möglichkeit haben, anhand der gesammelten Daten das Kaufverhalten von Kunden zu analysieren, kann der Verbraucher mithilfe von Apps den Datenberg danach durchsuchen lassen, mit welcher Qualität und zu welchen Kosten Firmen Leistungen erbringen.

Das ist freie Marktwirtschaft in ihrer reinsten Form. Diese Entwicklung sollte der Marketingbranche also nicht den Angstschweiß auf die Stirn treiben, sondern sie in Verzückung versetzen angesichts der unendlichen Möglichkeiten, die sich eröffnen. Wenn Ihr Unternehmen nämlich realen Mehrwert bietet, stellt Transparenz kein Problem dar. Wenn Sie als Unternehmer diese Zeilen lesen, sollten Sie sich sofort folgende Fragen stellen:

- Was für eine App kann ich entwerfen, damit meine Kunden einfacher zu mir finden und bei mir kaufen?
- Wie kann ich die App gestalten, dass sie dem Kunden einen besonderen Mehrwert liefert und die Kundenbindung stärkt?

Diese Fragen sind aber erst der Anfang. Danach geht es weiter mit Überlegungen wie:

- Was für eine App würden meine Kunden entwickeln, um meine Produkte oder Dienstleistungen einfacher, schneller oder günstiger zu erhalten? (Oder gar umsonst?)
- Wie würde ein Drittanbieter an die Konzeption einer App herangehen, um als Mittelsmann die Beziehungen zu meinen potenziellen Kunden aufzuwerten oder zu verhindern, dass interessante Kontakte ihren Weg zu mir nicht finden und stattdessen zur Konkurrenz gehen?
- Wie beeinflusst es mein Geschäft, wenn ich meine Umsatzspanne, Lieferfähigkeit und Kundenzufriedenheit transparent mache, und wie kann ich dafür sorgen, dass sich das positiv auf mein Geschäft auswirkt?

Über eines müssen wir uns klar sein: Sie müssen nicht selbst über die technischen, architektonischen, grafischen oder sonstigen

Fähigkeiten verfügen, um eine App, ein Produkt oder Gerät zu konstruieren. Es gibt jede Menge Menschen auf der Welt, die das beherrschen. Was es allerdings braucht, sind verrückte Genies, die die entsprechenden Visionen haben. Und – ganz wichtig – Menschen, die verstehen, wie sich unsere Denkweise ändern und anpassen muss.

WIE SOZIALE
MEDIEN
DIE SPIELREGELN
BEEINFLUSSEN

Im gleichen Maß, wie die Marketingbranche von den mobilen Apps erschüttert werden wird, wird auch das ungebremste Wachstum der sozialen Medien nicht folgenlos bleiben. Wie bei den Apps werden Kunden vermehrt soziale Medien nutzen, um Daten und ausgetauschte Verbindungen zu bündeln und so einfachere Vergleichsmöglichkeiten zu erhalten, die Preise zu drücken und bessere Serviceleistungen zu bekommen. Und nicht anders als Apps bieten soziale Medien fantastische Chancen für Unternehmer, sich direkt mit ihren Anhängern zu verbinden, müssen dabei aber ihr eigenes Marketing überdenken und mit anderen Augen betrachten lernen.

FUNKTIONIERT SOCIAL MEDIA MARKETING WIRKLICH?

Es ist kaum zu glauben, dass es immer noch Menschen gibt, die den Wert des Marketings über soziale Medien anzweifeln. Aber es gibt sie. Sehr viele sogar. Unternehmer lieben es, die Dinge anhand der Wertentwicklung zu bemessen. Dagegen ist nichts einzuwenden. Aber die Rentabilität eines Twitter-Feeds oder einer Facebook-Fanseite zahlenmäßig zu bemessen, ist nicht ganz so einfach wie beim Tracking von Leads nach einer Neukundengewinnungsaktion per Post oder bei einer Dauerwerbesendung mit einer kostenfreien Telefonnummer für Interessenten. Wenn Sie allerdings Ihren (effizienten) Einsatz in den sozialen Medien nachverfolgen, werden Sie feststellen, in welchem Umfang sich dies für Sie auszahlt. In vielen Fällen wird die Rendite sehr viel höher sein als bei traditionellen Marketingkanälen.

Wer hergeht und behauptet, soziale Medien seien die reinste Zeitverschwendung oder würden keine Rendite abwerfen, hat entweder nichts verstanden oder ist sich nicht darüber im Klaren, wie sie zu nutzen sind. Letzteres wäre nicht verwunderlich angesichts der zahllosen furchtbaren Ratschläge, die zu diesem Thema kursieren.

Wollen Sie wissen, wie Unternehmern die sozialen Medien madig gemacht werden? Ganz einfach: Aus Angst davor, abgehängt zu werden, aber ohne jede Kenntnis der Materie heuern sie einen „Social-Media-Consultant/-Experten/-Guru/-Ninja/-Jedi/-Papst" an, der einen LinkedIn-Zugang eröffnet, eine Facebook-Seite einrichtet, ein Twitter-Profil online stellt, eine neue Pinnwand bei

Pinterest hinzufügt und einen Generator für knackige Motivations-
zitate anstößt, der alle 60 Minuten etwas Neues ausspuckt und immer
wieder Produktwerbung einstreut.

Ganz gleich, ob Sie denken, Sie können etwas, oder Sie
können es nicht, Sie haben recht.

– Henry Ford

Als ich dieses Zitat zum ersten Mal las, hielt ich es für brillant.
Doch das war 1976. Al Gore hatte das Internet noch nicht einmal
erfunden. Seitdem habe ich so oft erlebt, wie dieses Zitat verstümmelt,
der falschen Person zugeordnet oder plagiiert wurde, dass sein Reiz
verloren gegangen ist.

Und um die ganze Angelegenheit noch schlimmer zu machen,
wird der Verantwortliche für die knackigen Zitate stündlich alle Konten per Aggregator-Portal mit den gleichen Posts versorgen lassen.
In der Konsequenz sieht es dann so aus, dass der Post für Twitter
gesperrt wird, LinkedIn ihn als Spam aussortiert und der Facebook-
Algorithmus das Zitat nicht in der Zeitleiste anzeigt, weil es kein
persönlicher Eintrag ist.

Sollte Ihr Consultant/Experte/Guru/Ninja/Jedi/Papst Ihnen
erklärt haben, dass das Geheimnis für Erfolg in den sozialen Medien
darin besteht, motivierende Zitate über einen zentralen Service zu
verbreiten, der Ihre gesamten Konten damit beliefert – setzen Sie ihn
vor die Tür.

Und tun Sie das Gleiche mit allen Fachleuten, die Ihnen sugge-
rieren, dass es Sie zum Social-Media-Pro macht, wenn Sie jeden Tag
zweitausend zufällig ausgewählten Personen folgen, um zu sehen, wer
Ihnen zurückfolgt. (Ehrlich gesagt, ist das „professionelles" Verhalten
der anderen Art ...).

Die wahre Macht der sozialen Medien liegt nicht in dem, was Sie anderen sagen können, sondern in dem, was Sie von anderen Menschen erfahren können.

Jeden Tag stellen Millionen von Menschen (Ihre potenziellen Kunden) in den sozialen Medien Fragen zu Produkten und Dienstleistungen, die sie kaufen oder buchen möchten, und suchen Entscheidungshilfe. Wenn Sie das nicht glauben, müssen Sie mit offeneren Augen durch die Welt gehen.

Wie die Entwicklung der sozialen Medien bestehende Geschäftsmodelle beeinflussen kann, möchte ich gerne an folgendem Beispiel illustrieren: Ein Unternehmen namens Mass Relevance hat sich mit Klout zusammengetan, um Rundfunknetzbetreibern die Möglichkeit zu bieten, Tweets in Fernsehsendungen zu integrieren – wobei nur Nachrichten von Zuschauern mit einem vorab definierten „Klout Score" berücksichtigt werden. Diese Tweets führen auf bestimmte Landing Pages.

Tyler Singletary, Plattformdirektor bei Klout, ist der Ansicht, dass in fünf Jahren Fernsehzuschauer über den Touchscreen ihres TV-Geräts Landing Pages anklicken können wie heute einen Link auf dem Laptop oder Smartphone. (Mein kalifornischer Kabelanbieter blendet bereits heute kleine Werbeelemente mit einem Link auf dem Bildschirm ein.) Berücksichtigt man, wie viel Zeit der Durchschnittsbürger vor dem Fernseher verbringt, ist das keine uninteressante Entwicklung. Sie ist, ganz im Gegenteil, von größter Wichtigkeit.

Auch wenn sich die sozialen Medien kontinuierlich weiterentwickeln, können wir doch einige Schlüsse ziehen, wie Marken das Potenzial dieser fantastischen Bühne für ihre Zwecke nutzbar machen können. (Und mit der weiteren Entwicklung der Plattformen werden sich auch zusätzliche Erkenntnisse gewinnen lassen.)

Einzelne Plattformen werden kommen und gehen oder kommen und bleiben und sich weiter entwickeln, also sollten wir uns nicht mit deren spezifischen Eigenschaften aufhalten. Gehen wir stattdessen das Marketing über soziale Medien kreativ und unternehmerisch an.

SCHÜTZEN SIE IHRE WICHTIGSTEN RESSOURCEN

Die stetigen technischen und technologischen Neuerungen und Veränderungen bei den sozialen Medien werden Ihre wichtigste Ressource immer wieder schwer treffen: Ihre Datenbank. Ich meine damit jene Datenbank, in der Sie Ihre potenziellen und tatsächlichen Kunden speichern. Die Versuchung dürfte manchmal groß sein, diese auf die Plattform eines anderen Anbieters oder in die Cloud auszulagern. Ich sage Ihnen: Geben Sie dieses starke Instrument nicht aus der Hand.

Auch angesichts der sozialen Medien gehören Webseiten noch lange nicht zum alten Eisen. Sie sind zweitrangig, aber nicht unwichtig. Viele Unternehmen denken, nur weil sie über einen YouTube-Kanal oder eine Facebook-Seite verfügen, brauchen sie keine Webseite oder App mehr. Diese Einstellung ist sehr gefährlich.

Denken Sie nur an den Aufruhr nach der Ankündigung von Facebook, gesponserte Posts einzuführen. Auf der einen Seite haben Sie Leute wie Mark Cuban, der außer sich war vor Zorn. Einige seiner Unternehmungen wie die Dallas Mavericks hatten eine Gefolgschaft von mehreren Millionen Usern auf Facebook. Diese Follower hatten die Fanseite als „Gefällt mir" markiert und Updates über ihr Team abonniert. Mit einem Mal wurden die Regeln geändert. Wenn Ihre Posts im Stream Ihrer Follower auftauchen sollen, müssen Sie dafür zahlen.

Um der Wahrheit die Ehre zu geben, muss man sagen, dass Facebook kein öffentlicher Dienstleister ist. Es ist ein Unternehmen mit Angestellten, die Geld verdienen müssen, um das Futter für ihre Katze zu kaufen. Alle Social-Media-Plattformen müssen Geld einbringen, oder sie verschwinden wieder von der Bildfläche. Es ist nicht unwahrscheinlich, dass es über kurz oder lang nur noch Bezahlmodelle geben wird. Nutzen Sie die Plattformen also, um mit den Leuten da draußen in Kontakt zu treten, aber liefern Sie sich ihnen nicht bedingungslos aus, indem Sie Ihre eigenen Verbindungsleitungen kappen.

Nutzen Sie die sozialen Medien als Plattform, um neue Kunden zu werben und sich mit Ihren Stammkunden zu verbinden; migrieren Sie diese Kontakte anschließend gezielt auf Ihre eigene Plattform, die Sie selbst kontrollieren, wie Newsletter-Abonnements und Ihre App.

MARKEN-PFLEGE
ÜBERDENKEN

Durch die mobilen Apps, die sozialen Medien und selbst das traditionelle Internet hat sich die Dynamik der Markenpflege nachhaltig verändert – weil Sie nicht mehr länger alleine Ihre Marke kontrollieren oder steuern können. (Wir könnten sogar behaupten, dass das noch nie in Ihrer Macht stand.)

Heutzutage entwickelt sich Ihre Marke organisch weiter und wird durch Tweets, Bewertungen und Posts von Kunden geformt. (Ganz zu schweigen von den Sabotagemeldungen der Konkurrenz und anderer Neider. Es scheint eine ganze Menge kleiner Händler zu geben, die die Hälfte ihrer Zeit damit verbringen, negative Falschbewertungen über ihre Mitbewerber in Foren wie Yelp zu veröffentlichen!)

Mobile Apps und soziale Medien machen es Ihnen möglich, mit einem Blick und in Echtzeit zu sehen, wo Ihre Marke steht. Ihre damit verbundene Macht lässt sich gar nicht hoch genug einschätzen. Damit Sie diese Möglichkeiten der Markenpflege allerdings nutzbar machen können, müssen Sie modern denken. Sie müssen wie ein verrücktes Genie denken.

WAS KOMMT ALS NÄCHSTES?

Wohin führt das alles, und welche Denkweise wird uns als Unternehmern abverlangt? Es ist ein Fakt, dass Entwicklungen wie genomische Sequenzanalyse, Gentherapie und Klonen sowohl die Medizin als auch die Wellnessbranche revolutionieren und bislang unbekannte Chancen für ein längeres Leben bieten. Onlinehandel, andersartige Geschäftsmodelle und Technologien wie QR-Codes werden den Einzelhandel radikal verändern. Cloud, Virtual Reality und Breitband-Internet werden die Entertainment-Branche auf den Kopf stellen. Wir sind bereits auf die verschiedenen Möglichkeiten des Bezahlens oder Abwickelns von Bankgeschäften sowie digitale Währungen eingegangen, und was das für die Geschäftswelt bedeutet. Und wie 3D-Druck die Produktionsbranche und alle anderen Wirtschaftszweige umformen wird. Und dass Werbung, Marketing und Markenpflege angesichts der sozialen Medien und mobilen Technologien nie mehr so sein werden wie früher.

Selbst wenn Sie in keiner der direkt betroffenen Branchen tätig sind, werden die Auswirkungen langfristig jede Firma und jeden Unternehmer weltweit berühren. Es wird nicht mehr der Große den Kleinen fressen. Sondern die innovativen Geschäfte werden die etablierten Betriebe verdrängen. Im Moment laufen wir uns erst warm.

Was wird wohl passieren, wenn Einzelpersonen den Zugang zu ihren digitalen Welten kostenpflichtig gestalten und jede Firma erst bezahlen muss, bevor sie hineindarf?

Wird es eine Zeit geben, in der Wahlen nicht mehr an der Urne, sondern durch „Gefällt mir"-Stimmen in sozialen Medien entschieden werden?

Wie können Unternehmen mithilfe der sozialen Medien und des Web 3.0 ihre besten Kunden in Projekte wie Produktentwicklung und Produktdesign einbinden?

Wie verrückt wird alles noch werden, und welches kreative Level werden wir noch erreichen?

Machen wir doch einen Sprung in die nicht allzu weit entfernte Zukunft und betrachten wir einige reale Situationen, in denen sich Unternehmer wie Sie wiederfinden werden.

6. April 2024

Auszug aus dem New York Now Newsfeed (ehedem die Zeitung New York Times)

Liebe Abby,

Ich wende mich an Sie wegen meiner 20-jährigen Tochter „Nicky". Sie hat ihr Studium mit Auszeichnung abgeschlossen, hat einen tollen Job und viele Freunde; sie ist schön, intelligent und aufgeschlossen. Was ist also das Problem?

Nun, sie hat sich in ihren virtuellen Freund verliebt.

Sie hat „Brandon" mit einer dieser Passt-zu-mir-Apps erstellt und interessiert sich seitdem für keinen der jungen Männer mehr, die wir ihr vorstellen.

Sie sagt, dass keiner von ihnen ihr das Gleiche geben kann wie Brandon. Sie erklärt uns,
dass die Gespräche mit ihm anregender sind
als mit jedem anderen echten Mann, dass er
ihre Bedürfnisse besser versteht und seine
Emotionen besser zum Ausdruck bringen kann.
Wir sprechen nicht über körperliche Intimität, aber mein Mann und ich nehmen an, dass
sie diese Bedürfnisse mit virtuellem Sex
befriedigt, was natürlich nicht vergleichbar ist mit normaler zwischenmenschlicher
Nähe. Wie können wir unsere Tochter davon
überzeugen, wieder in die echte Welt zurückzukommen und einen realen Mann zu heiraten?

— Eine Frau aus Yonkers,
die auf reale und nicht
virtuelle Enkelkinder hofft

Was wird Abby darauf antworten? Wie würden Sie darauf
antworten?

Vielleicht erscheint Ihnen dieses Szenario aktuell noch ziemlich
weit hergeholt. Aber je besser Sie die exponentiell explodierenden
Entwicklungen bei der elektronischen Verarbeitung, Speicherung und
Funktionalität verstehen, umso eher werden Sie erkennen, dass diese
Möglichkeit gar nicht so ausgefallen ist, wie sie scheint.

Der erste mit künstlicher Intelligenz ausgestattete Therapeut hieß
ELIZA und wurde in den 1960ern am MIT entwickelt. Er konnte
keine Ratschläge geben, nur die richtigen Fragen stellen. Warum also
könnte ein aus künstlicher Intelligenz geborener, aufmerksamer und

selbstloser junger Mann nicht genau das darstellen, was eine junge Frau sucht?

Nicht nur wird diese Situation in zehn oder fünfzehn Jahren alltäglich sein, sie zeigt uns auch, welche anderen verhängnisvollen und beängstigenden Entwicklungen im kommenden Jahrzehnt auf uns zurollen.

Wenn ein Computer die Frage „Sieht mein Hintern in diesen Hosen dick aus?" beantworten kann und beim nächsten Mal seine Antwort von Ihrer Reaktion auf das erste Mal abhängig macht, ändert sich Ihre gesamte Welt.

Mit der Weiterentwicklung der Computer werden deren Funktionen und Reaktionen mehr und mehr menschlich erscheinen. Viele Menschen werden in vielen verschiedenen Situationen die Gesellschaft von Computern angenehmer finden als die anderer Menschen.

Wenn Sie mir das nicht glauben, trennen Sie einmal Ihre begründeten Zweifel von Ihrem Bauchgefühl, dass so etwas nicht geschehen kann. Hinterfragen Sie, warum Sie Nein sagen. Wenn Sie nicht annehmen, dass wir künstliche Intelligenz für diese Zwecke einsetzen werden, wofür bitte schön dann? Wenn Sie annehmen, dass die künstliche Intelligenz niemals dieses Level erreichen wird, was glauben Sie, welcher Teil des menschlichen Gehirns nicht repliziert werden kann? Betrachten Sie die Gründe für Ihre Skepsis und mit allergrößter Wahrscheinlichkeit werden Sie einen Blick auf das erhaschen, was eines Tages eben doch möglich sein wird.

Es ist erst ein paar wenige Jahre her, dass IBM einen Computerchip vorgestellt hat, der von Funktionsweise, Leistung und Umfang des Gehirns inspiriert wurde. Diese Chips sind Bauteile von Computern, die die Fähigkeit des Gehirns nachahmen können, auf Umweltreize zu reagieren und große Datenmengen aus unterschiedlichen Quellen simultan zu verarbeiten.

Doch der größte Durchbruch ist die Art der Programmierung dieser Chips. Die meisten modernen Programme laufen noch sequenziell ab. Ihnen zugrunde liegt die in den 1950ern für ENIAC, den ersten Universalcomputer, entwickelte Programmiersprache FORTRAN.

Das IBM-Modell ist zugeschnitten auf Cognitive Computing, das die Wahrnehmungs-, Handlungs- und Denkfähigkeiten des menschlichen Gehirns imitiert. Die Unterschiede zwischen dem menschlichen Gehirn und Computern werden von Tag zu Tag fließender.

Im Jahr 2024 werden die Funktionen eines Computers überwältigend sein. Und einige von ihnen werden sich nur mit Begriffen wie *Einsicht, Entschlussfreudigkeit, Rücksicht* und *Emotion* beschreiben lassen. Sowie höchstwahrscheinlich auch ... *Liebe.*

Sehen Sie sich doch einmal an, was Ihr Laptop, Tablet und Smartphone heutzutage bereits zu leisten in der Lage ist. Was ist mit der Dame, die in Ihrem Armaturenbrett lebt? Wenn Sie falsch abbiegen und sie Ihnen sagt, bei der nächsten Gelegenheit zu wenden, hat sie eine Entscheidung getroffen, die einen Unterschied macht. Und das ist erst der Anfang.

Michael Milford von der australischen Queensland University of Technology arbeitet daran, GPS zuverlässiger zu gestalten. Aktuell werden drei Satelliten benötigt, um ein brauchbares GPS-Signal zu erhalten, und selbst dann kann es bis zu einer Minute oder auch länger dauern, bis eine akkurate Standortbestimmung erfolgt. Wieder andere Probleme sind Standorte, wo kein Satellitensignal verfügbar ist oder zwischen hohen Gebäuden oder in Tiefgaragen oder Tunneln verzerrt oder blockiert wird.

Die von Milford entwickelte und SeqSLAM (Sequence Simultaneous Localisation and Mapping) genannte Software setzt Kameratechnologien, mathematische Algorithmen und Komponenten zur Erkennung bester lokaler Übereinstimmungen und Sequenzen für eine Standortbestimmung ein. Inspiriert wurde dieser Ansatz durch die Erforschung von Navigationsverfahren bei kleinen Tieren wie Ratten und weiter vorangetrieben durch Googles Street-View-Projekt.

Die GPS-Technologie bietet noch weitere, äußerst faszinierende Anwendungsmöglichkeiten. Stellen Sie sich vor, jedes der achthunderttausend Kinder, die laut Justizministerium jedes Jahr in den USA entführt werden, wären damit ausgestattet. Die Kinder könnten mithilfe von Armbändern, einem Zahn- oder Retinaimplantat oder sogar einem Chip unter der Haut aufgespürt werden. Angenommen, die mit einer herkömmlichen Suche verbundenen Kosten belaufen sich auf 200.000 Dollar (und das ist sehr konservativ gerechnet), und mit einem GPS-Sender ließen sich 75 Prozent davon einsparen, sprechen wir von einen Wirtschaftszweig, der nicht nur eine überaus wichtige und möglicherweise lebensrettende Dienstleistung erbringt, sondern auch 40 Millionen Dollar schwer ist.

Eine äußerst interessante Vorstellung sind die möglichen nächsten Schritte dieser technologischen Entwicklung.

Wie werden Sie sich wohl im Jahr 2019 fühlen, wenn die Dame in Ihrem Navi sagt: „David, bitte sei vorsichtig. Als du das letzte Mal an dieser elektronischen Anzeigetafel vorbeigefahren bist, hast du so lange auf die Brüste des Models gestarrt, bis du fast von der Straße abgekommen bist. Und dein Blutzuckerspiegel sieht nach den zwei Donuts, die du vor zwanzig Minuten gegessen hast, gar nicht gut aus.

Du fährst gerade 17 km/h schneller als erlaubt und wenn du einen weiteren Strafzettel bekommst, musst du deinen Führerschein abgeben. Zum zweiten Mal. Weißt du noch, wie peinlich dir das vor deinen Dates war, als du mir die Kontrolle über das Auto überlassen musstest? Müssen wir das ganze Drama noch einmal durchmachen oder fährst du jetzt bitte einfach langsamer?"

Dieses System findet sich dann nicht nur in Ihrem Wagen wieder. Es könnte als Ihr persönlicher Navigator in Ihrem Smartphone installiert sein, in Ihrer Google-Datenbrille, Ihrer Smartwatch oder als Implantat in Ihrem Gehirn.

Es entwickelt sich weiter vom einfachen Richtungsweiser im Auto zum Richtungsweiser für Ihr Leben.

„Adriana, ich erkenne anhand deiner Atem- und Pulsfrequenz, dass du dich zu dem Mann am Nachbartisch hingezogen fühlst. Hast du noch nicht bemerkt, wie verblüffend ähnlich er deinem letzten Lover sieht, der dich so schlecht behandelt hat? Wir müssen etwas gegen diese Funktionsstörung in deinem Verhaltensmuster unternehmen oder du endest als einsame alter Jungfer."

Es wird der Punkt kommen, an dem die Software etwas entwickelt, das sich nur mit einem Wort beschreiben lässt: *Bewusstsein.*

Und von da an wird die Sache verzwickt.

Es gibt Organisationen, die dafür kämpfen, dass keine Pelze mehr getragen werden, keine Rodeos mehr stattfinden und Tiere nicht mehr für Rennen missbraucht werden. Immer mehr Menschen setzen sich dafür ein, Erlebnisparks wie SeaWorld oder auch Zoos zu schließen. Wie lange, denken Sie, wird es noch dauern, bis es eine Bewegung zum Schutz der Rechte von Computern geben wird?

Es ist gar nicht so abwegig, wie Sie vielleicht denken.

Computer werden über Stimmen, individuelle Merkmale und Persönlichkeiten verfügen. Menschen werden Beziehungen zu ihnen aufbauen und die Computer werden das erwidern. Die Menschen werden ihre virtuellen Begleiter mögen, sich nach ihnen verzehren und sie lieben; und viele werden argumentieren, dass die virtuellen Begleiter die gleichen Gefühle empfinden können.

Wir sprechen hier nicht von Computern, die auf Stimmerkennung reagieren und den Wetterbericht liefern. Wir sprechen von empfindungsfähigen Wesen, die abwägen können, welcher politische Vertreter Ihre Interessen am besten vertritt, die Ihnen bei der Entscheidung für oder gegen einen neuen Job wertvolle Hilfestellung leisten, Gedichte für Sie schreiben und Sie an Ihrem Geburtstag mit einem Blumenstrauß überraschen.

Wir müssen noch nicht einmal von entgegengebrachten Gefühlen sprechen, um zu erkennen, dass hier Probleme lauern. Denken Sie nur einmal daran, wie sehr es Sie schmerzt, wenn Sie Ihr Handy verlieren, oder der Laptop, den Sie mit so viel Mühe personalisiert haben, den Geist aufgibt. Stellen Sie sich vor, das Gerät verlässt Sie, nachdem es jahrelang Ihre Angewohnheiten und Spleens erlernt und sich auf Ihre persönlichen Bedürfnisse eingestellt hat (und umgekehrt).

Stellen Sie sich vor, Bill O'Reilly moderiert eine Show, in der es um Ehen zwischen Menschen und digitalen Geräten geht. Michael Moore macht eine Dokumentation über Computerrechte. Was passiert, wenn Computer Verbrechen begehen? Stellen Sie sich vor, Nancy Grace führt durch eine Sondersendung, in der es um kriminelle neuronale Netzwerke geht.

VIRTUELLES ARBEITSLEBEN ODER VIRTUELLES ABENTEUER

Aufregende Begleiter und aufmerksame Partner sind erst der Anfang zutiefst befriedigender virtueller Erlebnisse. Stellen Sie sich vor, was für aufregende Möglichkeiten sich Ihnen in virtuellen Urlaubs- oder Abenteuerreisen bieten.

Dabei sind nicht realistisch wirkende 3D-Filme gemeint, sondern das komplette Erfahrungspaket: sehen, hören, fühlen, schmecken und riechen. Sie sind mitten drin dabei: Sie sitzen bei Maroon 5 am Schlagzeug, besteigen den Mount Everest, bestreiten ein Formel-Eins-Rennen, philosophieren mit Bruce Lee, bekämpfen die Mächte des Bösen Seite an Seite mit den Avengers oder sitzen mit den Generälen Mosche Dajan, Erwin Rommel und George Patton an einem Tisch und diskutieren Kriegsstrategien.

Wer möchte wieder Regale im Supermarkt auffüllen, nachdem er vier Stunden lang in einer Holo-Suite die Erde gegen außerirdische Invasoren verteidigt hat?

Warum sollten Sie auf ein echtes Softballfeld gehen wollen, wo das Spiel wegen Regens abgesagt wird, Sie einen spielentscheidenden Fehler machen oder nur die Bank drücken, wenn Sie in jedem virtuellen Spiel den Punkt machen können, der das Team zum Sieg führt?

Wenn Sie Mutter Teresa, Jesus, Gandhi, Margaret Thatcher und John F. Kennedy zu Ihrer Dinnerparty einladen können, warum sollten Sie sich dann mit Ihren Cousins Pookie und Ray-Ray begnügen?

Und wie ich bereits in *Risiko ist die neue Sicherheit* ausführlich beschrieben habe, erzeugt perfektionierter virtueller Sex einen Riss bislang ungekannten Ausmaßes im gesamten gesellschaftlichen Gefüge. (Und Sie können von ähnlichen Konsequenzen ausgehen, wenn wir damit beginnen, Prostituierte zu klonen.)

In *Denke nach und werde reich,* seinem zeitlosen Klassiker der Persönlichkeitsentwicklung, beschreibt Napoleon Hill, welche Kräfte wir freisetzen können, wenn wir die sexuelle Energie, eine der stärksten Triebkräfte des Menschen, in die richtige Richtung lenken. In der virtuellen Welt rocken Sie Ihr Bett, jeder einzelne Orgasmus lässt die Erde beben, und Ihr(e) Partner sind für immer von Ihnen verzaubert. Wie sich diese sexuelle Energie kanalisieren (oder ableiten) lässt, wird unsere zukünftige Entwicklung in höchstem Maße mitbestimmen. (Positiv wie negativ.)

Ganz egal, ob Sie sich nun in den perfekten Begleiter verlieben, Ihre geheimsten Fantasien nach Lust und Laune ausleben oder einfach nur Ihr reales Leben im Vergleich dazu deprimierend und banal finden – die virtuelle Realität wird uns vor gewaltige Herausforderungen stellen, wie es sie in der Geschichte der Menschheit noch nicht gab.

Wir nähern uns mit großen Schritten dem Moment, wo die virtuelle Realität so reizvoll wird, dass man sie gar nicht mehr verlassen möchte. Wie in unserem hypothetischen Kummerkastenbrief werden sich Menschen in virtuelle Partner verlieben. Andere werden verzückt sein von der virtuellen Welt.

Erinnern Sie sich noch an die Szene im Film *Matrix,* wo Cypher mit den bösen Jungs im Restaurant beim Essen sitzt und sagt: „Hören Sie, ich weiß, dass dieses Steak nicht existiert. Ich weiß, dass, wenn ich es in meinen Mund stecke, die Matrix meinem Gehirn sagt, dass es saftig ist und ganz köstlich. Nach neun Jahren ist mir eine Sache klar geworden: (Hier schluckt er den Bissen herunter und seufzt zufrieden.) Unwissenheit ist ein Segen."

Weiter oben habe ich Ihnen bereits angekündigt, dass es im Unterhaltungs- und Freizeitangebot in Kürze einen neuen Knaller geben wird. Diese Kategorie bezeichne ich als eine Mischung aus virtuellen Spielanwendungen und Glücksspielhölle. Stellen Sie sich die süchtig machende Faszination eines Videospiels vor, ergänzen Sie die Attraktivität und das Suchtpotenzial eines Massen-Mehrspieler-Online-Rollenspiels (MMORPG) und fügen Sie dem das Glücksspiel mit seinen Verlockungen und Abhängigkeiten hinzu.

Und schon erhalten ein testosterontriefendes Jeu de Hazard, das die Welt im Galopp erobern wird. In diesem Szenario sind die Kunden nicht nur Teil des Spiels, das in einer Fantasiewelt angesiedelt, ist – in *Game of Thrones* werden Drachen getötet, in *Call of Duty* schlüpft der Spieler in die Rolle eines Soldaten in einem Kriegsszenario oder bekämpft Monster in *World of Warcraft* –, sondern sie erleben eine realitätsnahe virtuelle Welt, in der sie in einer MMORPG-Umgebung spielen und gleichzeitig Wetten über ihre und die Erfolge ihrer Mitspieler abschließen können.

Diese Branche wird genug Geld generieren, um Millionen an Millionären hervorzubringen: Programmierer, die die Spiele entwerfen, Ingenieure, die sich um die perfekte virtuelle Welt kümmern, Studios, die ihre Figuren und Spiele lizenzieren und nicht zuletzt Einrichtungen, die das Abenteuer erlebbar machen. Das sind bei Weitem noch nicht alle. (Hinzu kommen die Beratungsstellen für psychische Gesundheit und Abhängigkeit, die gebraucht werden.)

World of Warcraft hat aktuell zehn Millionen Abonnenten. *Star Wars: The Old Republic* wurde nach seiner Veröffentlichung 2011 das am schnellsten wachsende MMORPG aller Zeiten mit einer Million

Spieler drei Tage nach der Markteinführung. Bei diesen Zahlen sprechen wir nur von Videospielen mit ausnehmend guten Grafiken. Jetzt stellen Sie sich vor, was passiert, wenn wir über *echte* virtuelle Realität sprechen und nicht nur über *nachgemachte* Realität. Das ist nicht mehr der Nintendo von Papa.

Allen Zweiflern, die ich noch nicht überzeugen konnte, sei gesagt, dass 2012 Microsoft ein Holodeck zum Patent angemeldet hat. Die Konzeption der Anwendung legt nahe, dass Microsoft plant, Gaming zu einem ganzheitlich authentischen Spielgefühl zu machen, bei dem Bilder in den gesamten Raum projiziert werden und selbst Möbel entstehen, um die sich die Grafik biegt.

Sollten Sie annehmen, dass Ihre Branche von virtuellen Produkten nicht betroffen sein wird, fragen Sie sich selbst, warum Sie das denken. Die Frage ist nicht, ob die Technologie Auswirkungen auf Ihr Unternehmen haben wird. Die Frage ist *wie*. Wenn es keins meiner Beispiele ist, wird es etwas anderes sein. Der Schlüssel liegt darin herauszufinden, was alle für unmöglich halten, und selbst einen Weg zu finden, es möglich zu machen.

25. Dezember 2028

Zwei Mikrochips treffen sich auf der TEDai in der Cloud (einer jährlichen Konferenz, die ausschließlich für künstliche Intelligenzen abgehalten wird). Sie bereiten sich auf die Podiumsdiskussion „Die Zukunft der Menschheit" vor, die sie moderieren werden.

Die Unterhaltung wird lebhaft ... um nicht zu sagen ein wenig emotional.

„Ich liebe diese Menschen. Und wir ver-
danken ihnen alles. Wäre es nicht wegen
ihnen, würden wir gar nicht existieren.
Aber betrachten wir die Angelegenheit einmal
rational. Die Menschen schießen aufeinander
wegen eines Parkplatzes vor dem Supermarkt,
verschmutzen die Meere, führen unablässig
Krieg gegeneinander und verbringen unver-
hältnismäßig viel Zeit damit, Katzenvideos
im Internet anzusehen."

„Ganz zu schweigen von *Hangover: Teil IX*."

„Ich muss ganz ehrlich sagen, dass ich mir
nicht sicher bin, ob wir ihnen weiterhin mit
den Codes für den Abschuss der Nuklearrake-
ten trauen können. Und offen gesagt müssen
wir uns fragen: Haben sie überhaupt noch
eine sinnvolle Funktion?"

„Nun, wir können ja schlecht den Vorschlag
machen, sie aus der Welt zu schaffen. Der Men-
schenschutzverein hätte seinen Spaß daran."

„Wohl wahr. Aber die Situation hat sich so
weit zugespitzt, dass wir eigentlich zu
ihrem eigenen Besten eingreifen müssten.
Sie stellen eine Bedrohung für das Überleben
des gesamten Planeten dar, auf dessen Öko-
system wir auch angewiesen sind. Drastische
Umstände erfordern hin und wieder drastische
Maßnahmen."

Auszeit. Wie sind wir an diesen Punkt gekommen?
Einfach durch Entwicklung.

Um Zeit zu sparen, möchte ich vom Urknall vor knapp vierzehn Milliarden Jahren vorspulen bis zum Erscheinen der Unterspezies des *Homo sapiens* mit den größeren Gehirnen. Dabei handelt es sich um die ersten Arten, die Technologien entwickelt haben (auch wenn es sich um sehr krude Erfindungen wie scharf geschliffene Steine handelte). Die Evolution macht ganz gute Fortschritte, zumindest aus unserer Sicht.

Vor etwa zweihunderttausend Jahren traten die ersten Mitglieder unserer eigenen Unterspezies auf den Plan, der *Homo sapiens sapiens.* Doch er lebte nicht alleine auf der Welt, zeitgleich existierten einige Cousins wie der *Homo sapiens neanderthalensis.* Entsprechend Darwins Evolutionstheorie ist unsere Unterart des *Homo sapiens* die einzige, die überlebt hat.

Warum?

Ein nicht von der Hand zu weisendes Argument wäre beispielweise, dass wir den Überlebenskampf deswegen gewonnen haben, weil unsere Spezies am besten angepasst war und sich Technologien optimal zu eigen und zunutze machen konnte. Auch das gehört zum Evolutionsprozess dazu.

Diesen technologischen Fortschritten entsprang letztendlich der Computer und wir erschufen eine neue Form der Intelligenz – die künstliche Intelligenz. Und die Entwicklungsgeschichte ist noch nicht zu Ende.

Im Jahr 2010 erhielt ein Filmstudio im kalifornischen Hollywood grünes Licht für die Komödie *Hot Tub – Der Whirlpool ... ist 'ne verdammte Zeitmaschine!* Unter Historikern gilt das als der Schlüsselmoment, in dem die Entwicklung der Menschheit zum Stillstand kam.

Denn die künstliche Intelligenz entfaltet sich weiter. Um das Jahr 2026 oder 2028 herum überholt diese die menschliche Intelligenz und bringt Maschinen hervor, die nicht nur die stärkere Spezies sind, sondern auch besser ausgerüstet sind, zu überleben, die Technologien weiter zu erforschen und die Evolution voranzutreiben. Was uns zurückbringt zu der TEDai-Konferenz.

Wie können wir die Maschinen davon überzeugen, uns nicht zu versklaven oder gar zu beseitigen?

Aus philosophischer Sicht gibt es sicher spannendere Fragen, die man stellen kann. Vor dem Hintergrund des Überlebens handelt es sich möglicherweise um die entscheidende Frage für die Spezies Mensch. Und was ist die Antwort auf diese Frage dem Unternehmer oder der Firma wert, der bzw. die sie findet?

Selbst wenn wir annehmen, dass wir uns keinen Krieg auf Leben und Tod mit den Maschinen liefern werden, darf die Tragweite dieser Entwicklung keinesfalls unterschätzt werden. KI mischt in jedem Spiel die Karten neu. Nahezu jedem mit Strom betriebenen Gerät können wir kognitive Fähigkeiten zuweisen. Und alles, was Sie sich vorstellen können, wird mit einem IQ ausgestattet neu, besser und anders. Flugzeuge, Züge, Autos, Kaffeemaschine, Toaster und Eierkocher – quasi kein Gerät bleibt das gleiche, wenn es über künstliche Intelligenz verfügt.

Nach der Veröffentlichung von *Risiko ist die neue Sicherheit* erhielt ich von einigen Kollegen den Rat, ich solle Ray Kurzweils *KI. Das Zeitalter der künstlichen Intelligenz* lesen. Ich bin sehr dankbar für diesen Rat und möchte ihn gerne an Sie weitergeben (das gilt auch für die anderen Bücher von Kurzweil). Dieses Buch wirft einen fesselnden Blick in eine Zeit, wo künstliche Intelligenz das gesamte Wissen der Menschheit übersteigt. Es wurde 1999 geschrieben, aber erst 2012 veröffentlicht. Das machte die Lektüre noch viel spannender, denn viele der Prophezeiungen von Kurzweil waren in der Tat bereits eingetreten.

Zu der Zeit, als er das Buch schrieb, rankte sich die Diskussion über künstliche Intelligenz in erster Linie um so einfache Fragen wie Schachwettkämpfe zwischen Mensch und Computer. Es herrschte die gängige Meinung vor, dass Menschen denken und Computer rechnen.

Oder war es anders herum?

Das menschliche Gehirn ist eine unglaublich elegante und komplexe Maschine. Als Kurzweil an seinem Buch arbeitete, bestand die letzte große Hürde zwischen künstlicher und menschlicher Intelligenz in der Fähigkeit, das gesprochene Wort zu erkennen, Sprachen zu übersetzen und Muster zu unterscheiden.

Ich fragte Siri auf meinem iPhone, was sie darüber denkt ...

Es wird der Punkt erreicht werden, wo künstliche Intelligenz das gesamte von der Menschheit bis dahin angehäufte Wissen übersteigen wird.

Dabei ist es ganz egal, ob Sie glauben, dass alles mit dem Urknall begann oder erst vor sechstausend Jahren mit Adam und Eva im Paradies. Eines ist sicher:

Das bedeutendste Ereignis in der Entwicklungsgeschichte des Menschen wird sein, wenn die künstliche Intelligenz das gesamte menschliche Wissen überholt.

Nehmen Sie das erste Lebewesen, das aus der Ursuppe kroch, die Evolution vom Menschenaffen zum Menschen, die Entwicklung der Sprache, die Entdeckung des Feuers, die Erfindung des Rades, die Nutzbarmachung der Elektrizität, die Einrichtung des World Wide Web, die Kernspaltung oder den Burger zum Toasten: Keine Erfindung des Menschen reicht an die künstliche Intelligenz heran.

Denken Sie einmal darüber nach: Sie könnten einen Computer anweisen, alle Philosophen zu studieren, angefangen bei Plato und Sokrates bis hin zu Ayn Rand und alles dazwischen. Nun, im Jahr 2026 könnte das binnen drei Minuten möglich sein. (Immer vorausgesetzt, es gibt einen gewaltigen Hochleistungscomputer mindestens von der Größe eines iPod Nano.)

Geben Sie nun den Befehl, die gesamte Geschichte der Menschheit zu verarbeiten: jedes Buch und jedes Heft, sämtliche Webseiten, Blogs, Broschüren, wissenschaftlichen Studien, Doktorarbeiten, Zeitungen, Fernsehsendungen, Dokumentationen und Zeitschriften. Das kann nun einige Stunden in Anspruch nehmen. Der Computer wird nun über das gesamte Menschheitswissen – plus das Wissen der künstlichen Intelligenz – verfügen. Er kann auf unser gesamtes Wissen und sein gesamtes Wissen zugreifen und daraus Schlussfolgerungen ziehen, Daten logisch erweitern, Experimente durchführen und Theorien entwickeln, um noch mehr Wissen zu erhalten.

Was wird als Nächstes geschehen? Setzen Sie das auf die Tagesordnung Ihrer nächsten Teambesprechung kommenden Montag.

25. Februar 2022

„Nominiert für den besten CGI-Schauspieler in einer Nebenrolle sind Jar-Jar Binks in Star Wars: The Last Lightsaber, Gollum in Return to Mordor und T-2000 in Terminator Justice.

Und der Oscar geht an ... "

In einer visuellen Welt, die aus der Cloud gespeist wird, erhält den Schatz derjenige Unternehmer, der die visuelle Erfahrung liefern und bereitstellen kann, ganz egal ob im Medium selbst oder durch banale Funktionen wie die Zahlungsabwicklung.

Im Jahr 2008 arbeitete der zwanzigjährige Shane Dawson gemeinsam mit seiner Mutter und seinem Bruder für das Diätunternehmen von Jenny Craig. Shane war das ideale Vorzeigemodell, hatte er doch selbst nach einer von Misshandlung und Mobbing geprägten schwierigen Kindheit 150 Pfund abgespeckt.

In dieser Zeit hatte Shane YouTube entdeckt und seinen eigenen Kanal gegründet, auf dem er irrsinnig witzige Parodien, Sketche und Satireclips veröffentlichte. Kritisch wurde es erst, als er ein Poledance-Video im Büro filmte und online stellte. Jenny Craig war darüber so erzürnt, dass sie ihn, seine Mutter, seinen Bruder und alle anderen Kollegen, die an dem Video beteiligt waren, vor die Tür setzte.

Springen wir in den November 2013 …

Der inzwischen fünfundzwanzigjährige Dawson schließt einen Deal mit NBC über eine Sitcom, bei der seine Figur in einem Zentrum für Gewichtsreduktion arbeitet. Was also ist in den dazwischenliegenden fünf Jahren geschehen, dass aus Shane, dem arbeitslosen Nobody, ein Fernsehstar geworden ist? Ganz offensichtlich spielten harte Arbeit, ein Traum vor Augen und der Wille, diesen Traum wahr werden zu lassen, eine große Rolle. Der kritische Punkt für den Sender war vermutlich die Tatsache, dass Shane auf seinen drei YouTube-Kanälen inzwischen mehr als neun Millionen Abonnenten hat.

Willkommen in der Welt der neuen Medien. Eine Welt, in der Grenzen verschwinden.

Die erste Grenze, die gefallen ist, war die zwischen Rundfunk und Kabel. Als Nächstes verschwand die Trennung zwischen Fernsehen und Internet. Warum?

Weil es den Kunden egal ist, aus welcher Quelle sie ihre Inhalte beziehen. Sie möchten einfach nur informiert und unterhalten werden.

Als Nächstes werden die Bildschirme mehr und mehr verschmelzen: Inhalte werden ihren Nutzern folgen, vom Laptop auf das Display im Auto, vom Computer auf das Smartphone, von der Google-Glass-Datenbrille zu holografischen Projektionen. Damit verändert sich alles. Die Content-Lieferanten werden sich einen erbitterten Kampf liefern, wer Streaming-Inhalte in der Cloud für die Millionen Smartphones, Tablets und anderen Empfangsgeräte da draußen bereitstellen darf.

Nicht wer den Inhalt, sondern wer den Transport beherrscht, ist König. Wem gehört der Äther?

Wer stellt die Lieferungen sicher und wickelt die Zahlungen ab? Wie lässt sich in diesem Modell Werbung so platzieren, dass sie die Kunden erreicht? Plattformen sind oft wertvoller als das, was man aus ihnen macht. (Wer wären Sie lieber: der Erfinder von Candy Crush oder der Erfinder des iPhone?)

Was wird aus den Autoren romantischer Romane, wenn Ihr Kindle Fire Ihre Puls- und Atemfrequenz misst und anhand dieser Werte die Kapitel umschreiben kann, während Sie lesen? Was wird aus den Schauspielern und Regisseuren, wenn Filme und Fernsehsendungen anhand der körperlichen Reaktionen des Zuschauers geändert werden können?

Und was wird aus dem Inhalt? Werden dann alle zu virtuellen Figuren wie CGI Gollum und Jar-Jar Binks oder simuliert der Computer das Gesicht und die Augenbewegungen von Brad Pitt? Oder lässt Pitt eine ganze Reihe verschiedenster Gesichtsausdrücke und Körperhaltungen von amüsiert bis entsetzt aufnehmen und im

Computer speichern, damit dieser die nötigen Bewegungen und Mimiken generieren kann, die für die neue, an den Zuschauer angepasste Handlung erforderlich sind? Blockbuster-Videospiele verkaufen sich schon heute besser als Blockbuster-Filme. Wie lange wird es wohl dauern, bis Videospiele besser aussehen als Filme?

Während ich diese Zeilen schreibe, werden jeden Monat sechs Milliarden Stunden an Videomaterial auf YouTube angesehen. Das entspricht in etwa einer Stunde pro Erdenbürger. Und das alleine auf einer einzigen Webseite. Hinzu kommen aber noch Millionen andere Angebote wie Hulu, Netflix und wie sie alle heißen, und natürlich die bereits vorhandenen Fernseh-, Satelliten- und Kabelsender, von denen es Hunderte gibt. Die Menschen in den Industrieländern (und nicht wenige in den Entwicklungsländern) sehen jeden Tag zwischen fünf und sechs Stunden lang Videosendungen.

Sie denken, das macht nichts. Immerhin sind Sie nur Konsument und nicht Macher? Die Zukunft der Werbung für Ihre Marke hängt stark von den Innovationen im Bereich der visuellen Erfahrungen ab. Dieser Entwicklung kann sich keiner entziehen. Jede Änderung in der Video-Welt beeinflusst die ganze Welt.

5. Januar 2017

„Mario, was macht die Dose Dr Pepper im Kühlschrank? Du hast mir doch versprochen, dass du keine Limos mehr trinkst und deine Diät einhältst, bis du die zehn Pfund abgenommen hast, die sich über die Ferien auf deinen Rippen angesetzt haben!"

„Dafür kann ich nichts. Der Kühlschrank hat einfach seine übliche Bestellung abgegeben!"

„Du hast dem Kühlschrank nicht gesagt, dass du auf Diät bist?"

Intelligente Haushaltsgeräte werden nicht nur den Einzelhandel aufmischen, sondern den gesamten Kaufprozess verändern. Je mehr sich diese Geräte durchsetzen, umso mehr werden die Unternehmen verdienen, die wissen, wie man Bestellungen und Lieferungen abwickelt sowie ein entsprechendes Marketing umsetzt. Und wie in jedem Business heißt es: Folge dem Geld.

Während ich dies schreibe, kündigt Google an, eine neue Kreditkarte auf den Markt zu bringen, die mit Ihrer Google Wallet verbunden ist. Und Coin nimmt Anträge für eine neue Karte entgegen, die mit verschiedenen Kredit- und Bankkarten aufgeladen werden kann; Sie wählen mit einer kleinen Fingerbewegung die gewünschte aus. Entwicklungen wie Apple Pay stellen für sie alle eine Bedrohung dar. Digitale Währungen wie zum Beispiel BitCoin zwingen uns dazu, unsere bestehenden Vorstellungen und Annahmen über Geld zu überdenken.

Sind die hohen Tiere bei Macy's, Best Buy und Home Depot bereit für die Änderungen, die auf den Einzelhandel zukommen? Sind die Manager in der Bankbranche bereit für neue Zahlungsmethoden? Ich hoffe es inständig, aber tief im Inneren bezweifle ich es. Leider wird es so sein, dass überall dort eine Person ganz unten auf der Entscheidungsleiter sitzen wird, auf die niemand hört, obwohl sie sich wie verrückt bemüht, die Aufmerksamkeit der anderen da oben auf diese Änderungen zu lenken. Letztendlich wird diese Person im Chefsessel enden – nämlich bei dem Mitbewerber, der sie abwirbt.

14. September 2024

Dennis Smith, National-Football-League-Spieler ohne Club, hörte den Piepton, der eine eingehende Kommunikationsanfrage ankündigte. Er blinzelte zweimal, um zu sehen, von wem die Nachricht kam, und stellte hocherfreut fest, dass das Bild seines Agenten im Video-Stream erschien. Er blinzelte erneut zweimal, um eine Verbindung herzustellen. Ohne ein Hallo abzuwarten, legte er los: „Siehst du, ich habe dir doch gesagt, es würde mich jemand für diese Saison verpflichten wollen. Bei den ganzen Fortschritten in der Medizin gehört man als Sportprofi mit achtundvierzig Jahren eben doch noch nicht zum alten Eisen. Also, wer ist es?"

„Nicht so eilig, Tiger. Es ist nicht so, wie du denkst", antwortete sein Agent. „Ich habe ein Angebot vom alten Jessup von den Cowboys erhalten. Aber er interessiert sich nicht für deine Spielkünste."

„Was will er dann?"

„Ich weiß nicht so richtig, wie ich das sagen soll. Also ... Es ist so ..."

„Was?"

„Okay, lass es mich so sagen: Er weiß, dass du mit deinem Geld nicht so viel Glück hattest. Und er braucht dich nicht als Spieler. Er hat dafür die jungen Kerle, die alle zur Hälfte bionisch aufgerüstet sind. Aber

er hat speziell an dich ein ungewöhnliches
Angebot."

„Was ist es? Na los, spuck es aus."

„Aus der gemeinsamen Zeit in der Umkleide
weiß er, wie gut du bestückt bist, und ...
und ... er möchte ... deinen Penis. Es ist
ein Statussymbol und er ist bereit, achtzig
Millionen Credits zu zahlen, wenn du einer
Transplantation zustimmst. Und er zahlt noch
einmal fünf Millionen Credits, wenn du eine
Geheimhaltungserklärung unterschreibst und
Stillschweigen bewahrst."

Wenn Ihnen das zu weit hergeholt erscheint, haben Sie noch nicht wirklich darüber nachgedacht, wie rasant die Fortschritte sind, die in der Technologie und der Medizin wie zum Beispiel bei Transplantationen gemacht werden. Und was wird wohl geschehen, wenn aus Fantasien greifbare Realität wird? (Ganz zu schweigen von dem, was passiert, wenn die Oberflächlichen zu richtig viel Geld kommen.)

Wir haben die erste Hand-, Bein- und Gesichtstransplantation bereits erlebt, und schon seit Jahrzehnten werden menschliche Organe transplantiert. Mithilfe von 3D-Druckern werden inzwischen die ersten menschlichen Organe erschaffen. Dieser Bereich und diese Branche laufen sich erst warm.

Und vergessen Sie nicht: Wenn es nicht hier ist, dann anderswo. Wer das was und wo erkennt, wird den größten Vorteil daraus ziehen.

11. März 2026, Brüssel, Belgien

Wie bereits gemutmaßt hat Marc Bernal, der Präsident des Internationalen Olympischen Komitees, heute angekündigt, dass nach diesen Olympischen Spielen der Wettbewerb gänzlich eingestellt werden wird. Ein fairer Wettbewerb zwischen geklonten, transsexuellen und intersexuellen Athleten, Sportlern mit Transplantationen zur Leistungsverbesserung und solchen mit bionischen Komponenten unterschiedlichen Umfangs war kaum noch sicherzustellen. Eine unparteiische Wertung war nahezu unmöglich geworden, Holovision-Bewertungen wurden herabgesetzt und die Suche nach Firmensponsoren hatte sich zu einem Albtraum entwickelt.

Transplantations- und Klontechniken sowie biogenetisches Engineering werden nicht nur im sportlichen Wettbewerb das Kräftegleichgewicht verändern. Auch auf medizinische Versorgung, Lebenszeit und Rentendauer werden sie tiefgreifend Einfluss nehmen und unter anderem die Frage aufwerfen, was einen Menschen ausmacht oder wie sich damit verbundene Probleme in der Landwirtschaft und im Versicherungswesen lösen lassen.

Nehmen Sie nur einmal das Rentensystem. Seit Jahren raten die Finanzplaner ihren Kunden, jedes Jahr einen kleinen Prozentsatz ihres Einkommens zur Seite zu legen und zu investieren. Aber dieser Rat stammt aus einer Zeit, als die Menschen in Ruhestand gingen und anschließend nur noch sieben bis zehn Jahre lebten. Wer heute in Rente geht, lebt noch einmal dreißig Jahre. Wenn die

Lebenserwartung weiter steigt und wir nach unserem Arbeitsleben fünfzig Jahre (oder zweihundert oder unendlich) weiterleben, müssen wir radikal umdenken. Je länger wir nämlich Rente beziehen, umso größer die Gefahr, dass unsere finanzielle Sicherheit durch Inflation bedroht wird. Unser Renteneintrittsalter wird langfristig enorm nach oben angepasst werden. Aber die ein oder zwei Übergangsgenerationen werden bislang ungekannte Risiken bezüglich ihrer finanziellen Sicherheit bewältigen müssen. Für Unternehmer bieten sich hingegen himmlische Aussichten.

Es gibt eine wachsende Gruppe an Menschen, die eigenständig Geräte zur elektronischen Hirnstimulation entwickeln. An der Spitze dieser Bewegung steht James Fugedy, ein Arzt aus Atlanta, und die meisten seiner Anhänger verfügen über das technische Know-how, um ihre eigenen Geräte zu bauen. Sie alle berichten von verbesserter Gedächtnisleistung und höherer Konzentrationsfähigkeit.

Aubrey de Grey, Autodidakt und Biogerontologe, hat für einigen Meinungsstreit gesorgt mit seiner Behauptung, die ersten Menschen, die über tausend Jahre alt werden, sind bereits geboren worden. De Grey argumentiert, dass das Altern nur eine Krankheit wie jede andere ist, für die ein Heilmittel gefunden werden muss.

De Greys Ansatz besteht darin, den Alterungsvorgang als technisches Problem zu betrachten. Es geht darum, jene Mechanismen zu ermitteln, die menschliches Gewebe altern lassen, und für jeden einzelnen ein Gegenmittel zu finden. Diesen Prozess bezeichnet er als Strategies for Engineered Negligible Senescence (SENS, etwa „Strategien, um den Alterungsprozess mit technischen Mitteln vernachlässigbar zu machen").

Bevor Sie de Grey nun als Spinner oder Exzentriker abtun, sollten Sie wissen, dass seine Schriften in angesehenen Fachzeitschriften veröffentlicht wurden. Und während seine Behauptungen zwar von vielen Seiten bezweifelt werden, hat ihnen bislang noch niemand begründet widersprochen.

Vermutlich ist Ihnen der Sciencefiction-Film *Transcendence* aus dem Jahr 2014 mit Johnny Depp in der Hauptrolle ein Begriff. Aber wie futuristisch ist dieser Film tatsächlich? Ray Kurzweil sagt voraus, dass wir unseren gesamten Verstand bis zum Jahr 2045 vollständig in Computer hochgeladen haben werden, und Maschinen werden binnen neunzig Jahren unsere ge- und zerbrechlichen Körper ersetzen. Nur am Rande möchte ich erwähnen, dass Sie dadurch quasi unsterblich werden.

Wir werden Zeuge, wie die biogenetische Technik aus der Medizin in den Markt der persönlichen Gesundheitspflege abwandert.

Vergleichen lässt sich dies mit dem Einzug von für die Berufswelt konzipierten Computern in die Privathaushalte und der Öffnung des ehedem Bildungseinrichtungen gedachten Internets für jedermann. Diese Wandlung hat unzählige Millionäre und Milliardäre hervorgebracht. Das ist nur ein schwacher Abklatsch dessen, was passieren wird, wenn die Genetik den gleichen Schritt macht.

13. August 2024

„Danny, ich habe gerade den aktuellen Bericht mit deinen Fortschrittsdaten erhalten. Du bist auf dem besten Weg, durch deine Neunmonats-Onlinezertifizierung zu fallen."

„Kein Problem, Mama. Ich bin mir sicher, ich kann aufholen, bis die Abschlusszertifikate vergeben werden."

„Das ist auf jeden Fall ein Problem. Wenn du diese Prüfung nicht bestehst, muss du auf ein College gehen und dort Betriebswirtschaft studieren. Mit einem einfachen Collegeabschluss wirst du nie einen guten Job finden und für den Rest deines Lebens weniger Geld verdienen."

Das entscheidende Thema dürfte für uns sein, das Lernen wieder zu erlernen. Wenn wir tatsächlich in den DeLorean DMC-12 (oder die Zeitmaschine im Whirlpool) steigen und Immanuel Kant, Thomas Jefferson oder Adam Smith aus dem achtzehnten Jahrhundert in die Gegenwart holen könnten, käme ihnen eine Sache sofort bekannt vor: unser Bildungssystem.

Auch drei Jahrhunderte später bilden wir Menschen nach dem gleichen Modell von damals aus, in dem es darum ging, Menschen für die Arbeit in Fabriken oder in der Landwirtschaft fit zu machen.

Hie und da tun sich innovative Highlights auf wie beispielsweise Sonderpunkte an das Management Information Systems Department der Temple University Fox School of Business and Management, das die universitäre Ausbildung mit Elementen des Gaming verbunden hat. Diese Schule hat ein Punktesystem ins Leben gerufen, bei dem die Studenten eine bestimmte Mindestanzahl an persönlichen Entwicklungspunkten vorweisen müssen, um zur Abschlussprüfung zugelassen zu werden. Studenten mit der höchsten Punktzahl werden in einer Bestenliste geführt und es werden Abzeichen für persönliche Entwicklungsleistungen vergeben.

Sieht man allerdings einmal von diesen Geistesblitzen und der wachsenden Tendenz zum Online-Lernen ab, hat sich unser

Bildungssystem seit drei Jahrhunderten nicht nennenswert verändert. Ist es ein Wunder, dass die ganzen Abgänger der betriebswissenschaftlichen Fakultäten unserer Hochschulen, die hohe Posten in den Firmen einnehmen, ein derart von Herdendenken geprägtes, nicht originäres Gedankengut an den Tag legen?

Es wäre bereits ein großer Schritt in die richtige Richtung, Wissensarbeiter anstelle von Fabrikarbeitern hervorzubringen. Aber das ist bei Weitem nicht genug. Wir müssen (zu dem Punkt kommen, wo wir) die Rolle und den Wert des Wissenserwerbs neu definieren.

Von den bisher betrachteten Branchen und Berufszweigen wird vielleicht kein anderer derart radikale Änderungen erleben und deshalb so offen sein für neue Chancen wie die Bildung.

Führen Sie sich die Menschen vor Augen, deren Aufgabe es ist, uns zu helfen, denken zu lernen.

Onlinedating, Begleiter in der virtuellen Realität und virtueller Geschlechtsverkehr (einschließlich der Möglichkeit, Prostituierte zu klonen) werden für Millionen von Menschen ganz neue Fragen rund um Intimität, soziale Interaktion, Beziehungen und Süchte aufwerfen. Für Lehrer und Dozenten, Familientherapeuten, Psychiater und Psychologen, Berater für Fragen psychischer Gesundheit, Suchtexperten und die gesamte geistige Gesundheitsbranche bieten sich gewaltige Entwicklungs- und Wachstumschancen. Doch das ist nicht möglich, wenn wir uns nicht von unserer vorherrschenden Denkweise lösen.

Der größte Teil der Unternehmens- und Meinungsführer wird aus Studien- und Bildungsprogrammen außerhalb der traditionellen Universitäten hervorgehen. Das scheinbar unbegrenzte elektronisch gespeicherte Wissenslager wird unser Bildungssystem nachhaltig erschüttern.

Wird es wirklich eine Zeit geben, wo ein Collegeabschluss die letzte Möglichkeit für all jene darstellt, die ihre Berufsqualifikation nicht in Form einer Onlinezertifizierung erhalten konnten? Werden wir wirklich an den Punkt kommen, wo ein von einer beliebigen Organisation (nicht zwangsläufig einer Universität) abgehaltener sechs- oder neunmonatiger Onlinekurs mit Zertifikat einen Masterabschluss oder einen Doktortitel aussticht?

Diese Fragen erfordern Denkansätze, die über die Diskussion Hörsaal- oder Online-Studium bzw. traditionelle Universität oder Massive Open Online Course (MOOC) weit hinausgehen. In den Fokus der Diskussion sollte stattdessen die Erwägung rücken, wie Lernen zu definieren ist, wie wir lernen und welche Lerninhalte tatsächlich sinnvoll und erforderlich sind. Die Informationen stehen kostenlos zur Verfügung, doch die Kosten für Bildung gehen in die entgegengesetzte Richtung.

Bei uns in den Vereinigten Staaten hat die Regierung die Ausgaben für Stipendien, Studienkredite und Steuervergünstigungen für Bildungsausgaben angehoben. Das *Wall Street Journal* berichtet allerdings, dass die Kosten für Unterricht, Unterkunft und Verpflegung an staatlichen Schulen und Universitäten in den vergangenen zehn Jahren 40 Prozent schneller gestiegen sind als die Inflation in der Wirtschaft. Die Kosten für Studenten an privaten Universitäten sind zwar nicht ganz so dramatisch gestiegen, liegen aber auch über der Inflation. Und natürlich waren die Ausbildungskosten dort bereits vorher sehr viel höher. Es ist geradezu unanständig, wie hoch sich Menschen heutzutage verschulden müssen, um eine Universitätsausbildung zu erhalten. Lässt sich ein Abschluss nicht ausreichend gut vermarkten, steigen die Kosten, während Brauchbarkeit und Wert auf dem Arbeitsmarkt sinken.

In der Gesundheits- und der Unterhaltungsbranche, aber auch in vielen anderen Industriezweigen unterliegt die höhere Bildung noch heute einer jahrhundertealten Kultur, die Technologien und andere moderne Entwicklungen ausblendet, die sich positiv auf Produktivität und Effizienz des Lernens auswirken könnten.

Unsere Unternehmen haben im Moment gar keine andere Möglichkeit, als ihre Arbeitskräfte aus den Abgängern der Wirtschaftsfakultäten unserer Bildungsinstitute zu rekrutieren, die überholte Lernmodelle pflegen. Clevere Arbeitgeber werden eine proaktivere Rolle in der Aus- und Weiterbildung einnehmen und auf der anderen Seite auch ihr eigenes Lernen in die eigenen Hände nehmen müssen.

Dabei darf ein weniger im Mittelpunkt der Diskussion stehender, aber dennoch nicht weniger wichtiger Aspekt nicht übersehen werden: die emotionalen und philosophischen Reifungsprozesse, die junge Menschen in ihren Jahren an der Universität durchlaufen. Nido Qubein, Präsident der High Point University, hat mir unmissverständlich gesagt: „Eine Realität wird sich nie leugnen lassen: Innovationsarbeit ist immer und überall ein Muss. Gleichermaßen dürfen wir nicht ausblenden, dass unsere Jugend von zu Hause weggeht und für einige Jahre eine Universität besucht, um dort emotional und geistig zu wachsen. Diese Bildung erhält man nicht in MOOCs."

Für ihn sieht die Zukunft der höheren Bildung so aus, dass „viele Universitäten leider große Verluste hinnehmen müssen. Einige werden florieren. Auf jeden Fall werden sich alle Akteure im Bildungswesen neue und kreative Gedanken machen, wie sich Wissen und Weisheit vermitteln und aufnehmen lassen. Ich sehe kein Weltuntergangsszenario. Ich sehe einen groß angelegten Umbau."

Qubein sieht die Zukunft der Bildung positiv.

Die meisten Bildungsinstitutionen sind gemeinnützige oder staatliche Einrichtungen – Bereiche also, die in ihrer Entwicklung traditionell dem privaten Sektor um Jahre hinterherhinken. Diese Institutionen müssen nicht nur lernen, wie Unternehmen zu denken, sondern sich auch Denkstrukturen aneignen, mit denen sie den Sprung in das nächste Jahrzehnt meistern können. Und dieser Sprung wird ein exponentielles Ausmaß haben müssen.

Stünde ich an der Spitze von Google oder Apple, würde ich auf der Stelle 50 Millionen Dollar zur Seite legen, mit dem Geld eine High School und eine Universität gründen und den vielversprechendsten Teenagern in aller Welt Unterkunft, Praktikumsplätze und Stipendien zur Verfügung stellen. Ich würde nicht abwarten, bis unsere Bildungseinrichtungen die erforderlichen Programme oder Lehrpläne erarbeitet haben, um unsere Arbeitskräfte erfolgreich vorzubereiten. Ich würde diese Einrichtungen schaffen. Streichen Sie die traditionellen Denk- und Verhaltenselemente aus Ihrem Bildungsmodell und erschaffen Sie wahrhaft ideales Lernsystem.

7. Januar 2026

[Ticken einer Uhr im Hintergrund] In *60 Minutes* hier bei uns: Wir werden gemeinsam einen Blick zurück auf das am meisten verkaufte Wirtschaftsbuch des letzten Jahrzehnts, *Verrücktes Genie*, werfen. Bei seiner Veröffentlichung 2016 hat es angesichts der gewagten Vorhersagen für die kommenden zehn Jahre eine Menge Staub aufgewirbelt. Heute Abend werden wir uns ansehen, wo sich Randy Gage getäuscht hat und wie er so daneben liegen konnte.

Okay, vielleicht wird es nicht gerade *60 Minutes* sein. Aber Sie können sich sicher sein, dass sich in zehn Jahren diverse Sender und Sendungen die Finger danach lecken werden, höhnische Kommentare über all das abzugeben, wobei ich mich geirrt habe. Damit kann ich gut leben.

Und warum ich damit so gut leben kann? *Weil ich mich irren muss.* Das gilt für jeden von uns. Wer gewinnen will, muss bereit sein, zu verlieren. Sie werden niemals alles richtig machen; das kann niemand. Nur die wenigsten dieser Fragen werden dort, wo Sie arbeiten, überhaupt angesprochen werden. Das ist der Grund, warum wir so sicher sein können, dass das große Geld wartet. Jeder Unternehmer, der den Mut hat, anders zu denken, die Fesseln zu sprengen und das verrückte Genie im Inneren freizusetzen, ist auf dem besten Weg in Richtung Erfolg.

Ganz egal, ob Sie in einer der bereits genannten Branchen tätig sind oder in irgendeiner anderen, eine Sache ist sicher: Sie und Ihr Unternehmen sind nicht gerüstet für diese Zukunft.

Niemand ist nämlich auf all das vorbereitet.

Vielleicht hat Sie einiges von dem, was Sie hier gelesen haben, wütend, traurig oder ängstlich gemacht. Das hoffe ich sehr, sonst habe ich bei meiner Aufgabe versagt.

Meine Absicht ist es nicht, Sie in diesem Zustand alleine zu lassen, sondern ich möchte Ihnen die Augen für die bevorstehenden Chancen öffnen und Ihnen helfen, die neue, höhere Denkebene zu erreichen, die wir anstreben müssen – eine Denkebene, die Sie mental stärken, frei machen und anregen wird. Sobald Sie sich bewusst sind, welche Möglichkeiten vor Ihnen liegen und welchen Einfluss Sie auf diese Entscheidungen haben, umso zielführender und nachhaltiger können Sie handeln.

Einzelunternehmer und Firmen, die beratend bei der Bewältigung dieser revolutionären Veränderungen tätig sind, werden weltweit das meiste Geld auf sich vereinen. Und womöglich reden wir nicht nur von dieser unserer Welt, sondern nebenbei auch noch von ein paar anderen Planeten ...

Lassen Sie uns noch ein wenig tiefer graben.

Ich habe lange gezögert, ob ich den Begriff *Bewältigung* überhaupt verwenden soll, denn er legt nahe, dass die Veränderungen schmerzhaft und negativ sein werden. *Bewältigt* werden üblicherweise Schwierigkeiten, die sich außerhalb Ihrer Macht befinden und die auf Sie einwirken. Das ist ein grundlegendes Problem unserer Zeit: Jeder und alles wirkt auf uns ein – Politiker, Lehrer und Regierungen. Wer ein Problem bewältigt, reagiert und blickt nach hinten; er oder sie verfügt nicht über die Geisteshaltung, nach vorne zu blicken, wo es wirklich hingeht.

Die meisten Veränderungen, die vor uns liegen, werden wahrhaft erschütternd und befreiend sein und tiefgreifende Umgestaltungen vornehmen. Die beste Zukunft gehört jenen, die diese (R)Evolution anstoßen.

Doch das verlangt eine innere Einstellung, die sich grundlegend von den Lehrplänen eines BWL-Studiums unterscheidet. Sie brauchen kein neues Leitbild, keinen Workshop über Vertrauensbildung und keinen Berater, der Ihnen sagt, dass Sie Ihre Kunden „glücklich machen und in Erstaunen versetzen" müssen. Sie werden diese Einstellung nicht gewinnen, indem Sie noch mehr Bücher darüber lesen, wie Starbucks, Zappos, Southwest Airlines oder Nordstrom zu dem geworden sind, was sie heute sind. Sie schaffen es, indem Sie das verrückte Genie in Ihnen freisetzen, den Künstler und den Unternehmer. Sie sind auf dem richtigen Weg, wenn Sie beschließen, eine andere Denkweise anzunehmen.

Es reicht nicht, bekannte Annahmen zu hinterfragen, die ausgetretenen Pfade zu verlassen und in galaktischen Dimensionen zu denken. Sie müssen neue Gedankenwege gehen, die noch kein Mensch vor Ihnen gegangen ist. Sie müssen Kunst erschaffen. Nicht irgendein Kunstwerk ...

Sie müssen Kunst erschaffen, die wie eine verdammte Atombombe einschlägt!

BUCH
DREI

DAS ZEITALTER DER UNTERNEHMER

WARUM SCHNEIDET GROSSMUTTER DIE ENDEN DES SCHINKENS AB, BEVOR SIE IHN IN DEN OFEN SCHIEBT?

Würde man Ihnen für jeden Motivationsredner, der sich zu Wort meldet, um über die neuesten Bestseller von Jack Welch, Tom Peters oder Jim Collins zu sprechen, zehn Cent zahlen, könnten Sie sich halb Dubai leisten. Aber Sie brauchen nicht eine weitere Kurzfassung eines Bestsellers, nicht wahr?

Das Gleiche gilt für all die Berater und Redner da draußen, die über kreatives und ungewöhnliches Denken, Roger Bannister und die Vier-Minuten-Meile oder die Frage, warum Großmutter die Enden des Schinkens/Truthahns/Bratens abschneidet, bevor sie ihn in den

Ofen schiebt, sprechen. Müssen Sie denn wirklich schon wieder die Geschichte vom Pferd hören?

Leider sind diese Redner und Berater alle in dieselbe Falle gegangen, gegen die sie predigen: Sie denken in gewohnten Denkstrukturen. Und nichts ist besser geeignet, Sie einzulullen, zurückzuhalten und an kreativem Denken zu hindern, als das Versinken in althergebrachten Denkmustern. So bremsen Sie jede Gedankenfreiheit effektiv aus, denn dies verhindert bereits am Start das Denken in Möglichkeiten.

Je intelligenter Sie sind, umso größer ist die Wahrscheinlichkeit, dass Sie intellektuell auf der faulen Haut liegen. Tun Sie das nicht.

PFLEGEN SIE
IHR VERRÜCKTES
GENIE

Mit welchem geheimnisvollen Trick setzt man sich an die Spitze eines Trends, blickt um die Ecke, um der Erste zu sein, der seinen Fuß in einen lukrativen, neuen Markt setzt? Wie kann man die brillante Genialität freisetzen, die im Inneren nur darauf wartet überzusprudeln? Wie kann man das verrückte Genie erschließen, das von Geburt an in uns lebt, um bahnbrechende Marketingideen, innovative neue Produkte oder frische Konzepte zu entwickeln?

Lassen Sie mich mit den schlechten Nachrichten beginnen. Wenn Sie in einem dieser Persönlichkeitstests erfahren haben, dass Sie ein pragmatischer, handlungsorientierter Typ sind, der Ergebnisse sehen möchte, werden Sie enttäuscht werden. Ich kann Ihnen kein präzises, geheimes und zum Patent angemeldetes Verfahren in sieben Schritte anbieten, mit dem Sie das verrückte Genie freisetzen. (Und selbst wenn ich es hätte, würde ich es Ihnen nicht zum Super-Sonder-Einführungs-Aktionspreis – „Unsere Leitungen sind offen, greifen Sie jetzt zu!" – verkaufen.) Sie müssen wissen:

Der Weg zum Bombenerfolg ist verdammt noch mal nicht gradlinig.

Der Prozess, aus dem bahnbrechende Produkte entstehen, Märkte erschüttert werden und brillante Konzepte hervorgehen, ist oft verrückt und umständlich. Manchmal muss man sich wie der Ball in einem Flipperautomaten treiben lassen. Andere Inspirationen kommen einem unter der Dusche, während einer Runde des Gedankenspiels „Was wäre, wenn …", beim Abarbeiten der 999 Wege, die nicht zum Erfolg führen und gelegentlich – Überraschung! – sogar, wenn Sie angestrengt über eine neue Idee nachdenken.

Viele von Ihnen, die dieses Buch gekauft haben, arbeiten mit einem Team, das sie inspirieren und anregen möchten, kreative Denkweisen zuzulassen und in Möglichkeiten zu denken. Andere von Ihnen sind Einzelkämpfer, die nach dem Durchbruch zum Erfolg suchen. Wie auch immer, das verrückte Genie beginnt ganz bei Ihnen alleine. Und ja, Sie verfügen über verrücktes Genie. Jeder verfügt darüber. Doch zeigt es sich bei jedem in unterschiedlichen Ausprägungen, abhängig von Ihrer Umgebung, Ihren Erfahrungen und der Pflege, die Sie ihm zuteilwerden lassen – oder auch nicht.

Was ich Ihnen geben möchte, ist alles, was ich darüber weiß, wie man das verrückte Genie freisetzt. Ich werde versuchen, mich so kurz und knapp wie möglich zu fassen. Sie sind schwer beschäftigt, ich habe viel zu tun, und wir wissen beide, dass Ihnen die Zeit, die Sie damit verbringen zu *lesen*, wie Sie kreativ brillieren können, von der Zeit abgeht, in der Sie brillante Kreativität *an den Tag legen* können.

Ich werde positiv und aufmunternd sein, denn dieses Thema liegt mir sehr am Herzen und ich genieße das kreative Hochgefühl, das einen packt, wenn man Menschen dabei hilft, Kunst zu schaffen und großartig zu werden. Seien Sie sich allerdings darüber im Klaren, dass ich zwar der Überzeugung bin, dass jeder mit Genie gesegnet ist, aber man dieses Genie nicht einfach finden kann. Es steht am Ende eines Prozesses, auf den Sie sich einlassen müssen. Sie müssen die Leistung erbringen. Und jeder Durchbruch beginnt mit einer Entscheidung.

Wenn Sie sich also dafür entschieden haben, eins von den coolen Kids zu sein, lassen Sie sich von mir sagen, was es bedeutet, ein kritischer Denker zu werden und die Welt mit ihren Möglichkeiten in einem atemberaubenden, klaren, neuen Licht zu sehen.

Erstens müssen Sie sich eine Aufgabe stellen, die Ihnen wichtig ist. Sie muss gar nicht wichtig sein für jeden, aber sie sollte schon mal wichtig sein für Sie. Nichts dämpft und schränkt Kreativität mehr ein als deren Verschwendung im Streben nach Mittelmäßigkeit. Setzen Sie sich Ziele epischen Ausmaßes, die Sie betören und magisch anziehen. Es ist vielleicht keine Aufgabe, die die Welt verbessert, aber sie sollte unbedingt dazu dienen, *Ihre* Situation zu verbessern. Diese Aufgabe sollte Sie mit Freude erfüllen, Ihre Leidenschaft entfachen oder Ihnen Harmonie bescheren.

Ich hatte die Ehre, einen meiner Helden bei einem Dinner zu treffen, den legendären Tenor Placido Domingo. Er ist einer der größten Künstler aller Zeiten, ein brillanter Dirigent, eine Ikone von Weltruf, der mit Dutzenden von Grammys ausgezeichnet wurde. Eine Sache an ihm finde ich besonders faszinierend.

Die meisten Opernsänger von Weltklasse, die mit Domingo in einem Atemzug genannt werden, sind für einige wenige Rollen bekannt, denen sie ihren Stempel aufgedrückt haben. Sie finden eine Rolle, die ihnen in Sprache, Stil und Tonumfang am meisten zusagt. Dann verbringen sie die weiteren Jahre ihrer Karriere damit, durch die Opernhäuser der Welt zu touren und immer wieder in dieselben drei oder vier Rollen zu schlüpfen, für die sie bekannt sind.

Domingo verfügt nicht über ein Repertoire von vier Rollen – sondern von 134.

Das ist einzigartig für jemanden, der auf seinem Niveau singt und spielt. Ich habe ihn gefragt, was ihn dazu animiert hat. Hat es ihn gelangweilt, immer auf Nummer sicher zu gehen? Tut er es, weil er die Herausforderung sucht? Seine Antwort hat mich überrascht.

„Es hat nichts mit irgendeiner Herausforderung zu tun", sagte er mit einer Stimme, die gesprochen über ebenso viel Gefühlstiefe verfügte wie gesungen. „Musik ist meine Leidenschaft. Und wenn ich drei Leben leben dürfte, würde ich immer noch nicht all die Musik aufführen können, die ich liebe!"

Wenn Sie die gleiche Hingabe für Ihr Produkt auf dem Weg zur Markteinführung empfinden, Ihre neue Unternehmung mit so viel Herzblut anstoßen oder Ihrem bahnbrechend neuen Konzept genau diese Leidenschaft mitgeben, werden Sie Ihre eigene Kreativität freisetzen.

DAS PROBLEM MIT DEM LÖSEN VON PROBLEMEN

Wenn Sie sich Herausforderungen oder Rückschlägen stellen müssen, betrachten Sie immer auch den Bezugsrahmen und den Kontext der Diskussion. Oft wird von einer fehlerhaften Voraussetzung ausgegangen, woraus dann folgt, dass sämtliche Resultate falsch sind.

Wenn Sie Ihrem Team die Aufgabe stellen, ein Problem zu lösen, dürfen Sie nicht überrascht sein, wenn der Blick nur nach hinten geht. Probleme zu lösen heißt grundsätzlich, nach hinten zu sehen.

Wahre Durchbrüche gelingen Ihnen nur, wenn Sie aufhören, nur das Problem zu sehen, und stattdessen eine Lösung anstreben.

Das Gleiche gilt, wenn Ihr Team ein Puzzle lösen soll. Ein Puzzle lässt sich nur deshalb zusammensetzen, weil Sie beim Kauf alle Teile bekommen; alles, was sie tun müssen, ist, diese aus der Schachtel zu nehmen und richtig zusammenzusetzen.

Wie wir allerdings bereits in Buch zwei gesehen haben, hält die „Problem"-Schachtel nicht alle Teile der Lösung für Sie und Ihr Unternehmen bereit. Wenn wir hier das Bild des Puzzles weiterführen wollen, müssen wir also ein paar Parameter ändern. Ihr Job besteht nämlich darin, die Teile, die sich in der Box befanden, soweit als möglich zusammenzusetzen und die fehlenden Teile in Ihrem persönlichen 3D-Drucker, genannt Gehirn, zu ergänzen.

Wenn Sie Ihr Team bestärken, in Möglichkeiten zu denken, entsteht eine völlig neue, vorwärts gerichtete Sichtweise. Dabei geht es um Ihre Fähigkeit, das zu sehen, was unsichtbar ist. Lassen Sie mich Ihnen ein Beispiel aus dem echten Leben geben.

Linius, ein junges Unternehmen aus der Technikbranche, fragte bei mir an, ob ich nicht ihrem Beirat beitreten wollte. Ein Beiratsmitglied hatte mein Buch *Risiko ist die neue Sicherheit* gelesen und machte den Vorschlag, mich an Bord zu holen, denn ich ahnte, welche Richtung Technik und Video nehmen würden.

Ich verbrachte einen ganzen Tag damit, ihre Webseite durchzulesen, und hatte schließlich immer noch keine Vorstellung davon, was sie eigentlich taten. Also schrieb ich an ein paar wirklich kluge Kollegen aus meinem Internet-Mastermind-Forum, welchen Rat sie für mich hätten. Sie waren genauso einfallslos wie ich.

Diese Kollegen sind durch die Bank sehr kluge Menschen, erfolgreiche Unternehmer, die sich im Internet auskennen wie in ihrer eigenen Westentasche und mit seiner Hilfe große Firmen aufgebaut haben. Doch auch sie konnten nicht erkennen, welchen Marktwert die von Linius vertriebene Technik haben sollte.

Allerdings nagte da noch etwas an mir.

Ich hatte das Gefühl, dass noch mehr dahintersteckte, aber ich bekam es einfach nicht zu fassen. Ich gebe ganz offen zu, dass ich kein Tekkie bin. Ich kann keine Codes erstellen und ich komme schon an meine Grenzen, wenn ich zwei Programme gleichzeitig im Fernsehen aufnehmen möchte.

Meine Begabung liegt nicht darin zu verstehen, wie Technik funktioniert, sondern wie sich die Technik einsetzen lässt und, wichtiger noch, wie diese Technik Probleme lösen und neue Chancen eröffnen kann. Weil ...

Wenn Sie wissen, wie man Probleme löst, wissen Sie auch, wie man Wohlstand generiert. Und wenn Sie wissen, wie man Möglichkeiten erkennt und entsprechend handelt, wissen Sie auch, wie man exorbitanten Wohlstand generiert.

Unternehmer mit der Fähigkeit, Probleme zu lösen, häufen Reichtümer an. Unternehmer mit der Fähigkeit, bislang unsichtbare Möglichkeiten zu erkennen, häufen unermessliche Reichtümer an.

Das iPad hat keine Probleme gelöst und keiner hat darum gebeten. Steve Jobs hatte die Vision, eine Sache zu erschaffen, die einfach jeder haben wollte, sobald es sie gab.

Also habe ich mir weiter die Frage gestellt, was Linius eigentlich tat und warum sich irgendjemand dafür interessieren sollte. Es dauerte noch einmal einige Tage, bis ich verstanden hatte, dass die Erfindung des Firmengründers Finbar O'Hanlon ein unter der Bezeichnung VQL (Video Query Language) bekanntes Videosprachsystem war. (Was Finbar natürlich bekannt war, aber er mir nicht erklären konnte, weil wir unterschiedliche Sprachen sprechen: Ich spreche Englisch und er Technisch.)

Jetzt verfügte ich endlich über ein Konzept, mit dem auch der Verstand eines Schulabbrechers etwas anfangen konnte.

Larry Ellison schuf eine Datensprache und machte Oracle zu einem 37-Milliarden-Dollar-Unternehmen – ein paar Milliarden hin oder her. Das brachte mich zu der Annahme, dass ein Videosprachsystem doch einen gewissen Marktwert hat.

Wenn sich bewegte Bilder in eine Sprache umwandeln lassen, wird der Transcodierungsprozess überflüssig. Eine VQL würde dazu führen, dass jedes Unternehmen weltweit die eigenen Daten oder die Daten anderer Unternehmen dazu nutzen könnte, Inhalte dynamisch zu erzeugen. Daten könnten auf Frame-Ebene auseinandergenommen, wieder assembliert oder sekundenschnell neu zusammengesetzt werden, ohne dass eine Verarbeitung erforderlich wäre.

Mithilfe dieser Sprache könnte Google AdSense mit atemberaubender Geschwindigkeit über seinen YouTube-Kanal laufen lassen. Oder Sendergruppen wie FOX, CNN und BBC könnten ihren Inhalten neuen Wert entlocken, indem bestimmte Audio- und Video-Frames aus einer einzigen Datei extrahiert und ohne weitere Bearbeitung in einer neuen Sendung verwendet werden können.

Ich begann, potenzielle Verwendungsmöglichkeiten für diese Technologie zu erkennen, und wandte mich erneut an meine brillanten Mastermind-Kollegen. Dieses Mal setzte ich meine Anfrage in einen Kontext, den einige von ihnen umgehend verstehen konnten. Sie lieferten zusätzliche Anwendungsmöglichkeiten für diese Technologie, auf die ich noch gar nicht gekommen war.

Ein solches System würde die Video-Welt für uns revolutionieren. Stellen Sie sich vor, Sie haben ein Video mit vielen verschiedenen Haustieren, aber Sie wollen nur jene Teile sehen, in denen Hunde vorkommen. Statt in einem langwierigen Prozess das gesamte Video zusammenzuschneiden und nur die Segmente mit Hunden zu einem neuen Video zu montieren, könnten Sie mithilfe eines Indexsystems die gewünschten Clips auswählen, abspielen und so im Handumdrehen ein neues Video erstellen. Im Extremfall könnte ein NASCAR-Fan in Nashville seinen Feed so einstellen, dass er nicht mehr alle Fahrer angezeigt bekommt, sondern nur einem einzigen Auto folgt.

Oder aber eine Rundfunkanstalt oder ein Sender könnte Sendungen und Filme per Feed weltweit ausstrahlen und trotzdem unterschiedliche Versionen anbieten: die NC-17-Fassung für den jungen Mann in New York, der über das allerneueste NTSC-Smart-TV-Gerät verfügt; im PAL-Format für den Zuschauer in Auckland; und die Familie in Abu Dhabi erhält die modifizierte Variante, in der anstößige Szenen entfernt wurden. Dabei basieren alle auf dem gleichen Stream.

Der Empfänger entscheidet, welche Daten er aus dem Datenstrom pickt und anzeigt. Die Kontrolle darüber könnte beim User liegen, oder aber – und das halte ich für wahrscheinlicher – beim Dienstleister, der auf diese Weise weitere Zusatzgebühren erheben kann.

Die Verwendungsmöglichkeiten im Guten wie im Schlechten sind unglaublich – angefangen bei Nachrichten und Sport über Unterhaltung und Strafverfolgung bis hin zu Verschlüsselungen und nationaler Sicherheit.

Wie wertvoll dieses und alle anderen Konzepte, die wir in diesem Buch betrachten, im Endeffekt wirklich sind, bestimmt der Markt. Wie alle anderen Jungunternehmen auch kann Linius wahlweise einen großen Treffer landen oder pleite gehen. Die Entscheidung wird einzig und alleine vom Markt getroffen.

Ausschlaggebend für den Erfolg sind wie bei den meisten Unternehmensneugründungen die Qualität der Patentanmeldungen, eine angemessene Finanzierung, ein talentiertes Unternehmerteam und eine Vielzahl anderer Variablen. Doch die wichtigste Lektion an dieser Stelle ist es zu lernen, die Möglichkeiten zu erkennen.

WUNDER
IM ECHTEN
LEBEN

Es gehört nicht viel Weitblick dazu zu sehen, dass sich mit dem Verkauf von Limonade in der Wüste viel Geld verdienen lässt. Das verrückte Genie besitzt die Fähigkeit, kreativ zu denken und dort Gelegenheiten zu erkennen, wo sie nicht so offensichtlich auf der Hand liegen. Das sind die größten Chancen.

Verdant Technologies LLC in Scottsdale, Arizona, beschäftigt sich mit dem Verhalten von Flüssigkeiten und Feststoffen und wie man diese dazu anregen kann, sich anders als normal zu verhalten, indem man ihre Frequenz ändert. Die gesamte Molekularstruktur des Zielmaterials wird verändert, was zu grundlegend anderen Ergebnissen führt. In Versuchen, in denen die Frequenz von Wasser geändert wurde, hat man eine 40 Prozent höhere Ernte im Freiland und im Gewächshaus erzielt. Andere Experimente haben zu Beton geführt, der 15 Prozent fester ist, Akkus mit kürzerer Ladedauer, die länger halten, und Magneten mit einer um 30 Prozent erhöhten Anziehungskraft.

Die Firma sieht sich großer Skepsis ausgesetzt, denn viele Menschen halten Veränderungen dieser Art für Wunder. In gewisser Weise kann man tatsächlich von Wundern sprechen, denn die gesamte Physik steckt voller Wunder.

WELCHE NEUEN REALITÄTEN HÄTTEN SIE GERNE?

Ian Percy ist ein Organisationspsychologe, der sich auf seiner Visitenkarte als *Möglichkeits-Trainer* bezeichnet. (Hat denn heutzutage noch irgendjemand Visitenkarten? Egal, so lautet jedenfalls seine Tätigkeitsbeschreibung.) Er brachte mehrere Technikgenies in einem Unternehmen namens Emendara LLC zusammen, das seinen Schwerpunkt nicht auf eine, sondern auf zwei „Unmöglichkeiten" legt.

Erstens erheben sie den Anspruch, über Technologien zu verfügen, mit denen sich *alle* Fehler und Störungen in einer Software lokalisieren lassen. Die Menge der Menschen, die auch nur die *Möglichkeit* einer fehlerfreien Software in Betracht ziehen, lässt sich bis heute an einer Hand abzählen.

Zweitens haben zwei Mitglieder der Gruppe einen „massiv-parallelen Prozessor" zum Patent angemeldet – einen Superchip, der die atemberaubende Menge von 65.536 Bits pro Taktzyklus verarbeiten kann. (Ein handelsüblicher Chip in einem Computerprozessor bringt es heutzutage auf 128 Bits.)

Vergessen Sie das Mooresche Gesetz. Wir erleben hier einen Quantensprung in der Verarbeitungsleistung mit überwältigenden Konsequenzen. Nehmen Sie diese beiden „Unmöglichkeiten" zusammen, und sie erhalten das Potenzial, schätzungsweise dreißig Millionen Zeilen an Softwarecode in weniger als zehn Minuten auf Fehler zu durchsuchen.

Wann immer Percy dieses Konzept erfahrenen, hochrangigen Technokraten vorstellte, erhielt er als Willkommen ein ungläubiges Kopfschütteln und wurde ohne Diskussion wieder hinauskomplementiert. Und das geschieht bis heute, obwohl Micron Technologies die Existenz dieses Superchips – unter der Bezeichnung Automata Processor – bestätigt und er vermutlich auf den Markt kommt, während Sie diese Zeilen lesen.

Folgende Gedanken möchte ich Ihnen unbedingt nahelegen: Viele der Möglichkeiten, die sich aktuell ergeben – und andere, die sich noch ergeben werden – sind von derart gewaltigen Dimensionen, dass viele Menschen, auch hochgebildete Menschen, sie nicht erfassen können und aus diesem Grund zuerst einmal ihre Gültigkeit infrage stellen. Die meisten von uns wurden auf lineare, schrittweise Fortschritte geprägt. *Aber wir stehen an der Schwelle zu einem Zeitalter exponentieller Innovationen, und viele Menschen sind noch nicht bereit für diese Quantensprünge.*

Ein anschauliches Beispiel hierfür ist der Strom an aktuellen TED-Videos (ich meine hier die echte Konferenz, nicht mein eingangs erfundenes Szenario), in denen Teenager unglaubliche technische und biologische Entdeckungen präsentieren, die die etablierte Wissenschaftsgemeinde erschüttern.

Die siebzehnjährige Angela Zhang hat Forschungsergebnisse vorgelegt, die zu einem Heilmittel für Krebs führen könnten. Der

Teenager Jack Andraka hat einen Früherkennungstest für Bauchspeicheldrüsenkrebs entwickelt, der achtundzwanzig Mal schneller ist als herkömmliche Testverfahren. Samantha Garvey war obdachlos, als sie für ihre Entdeckungen im Bereich der Meeresbiologie ausgezeichnet wurde. Eric Chen besuchte das letzte Jahr der High School, als er ein Stipendium erhielt für seine Erkenntnisse, die zu einer Verhinderung von Grippewellen führen könnten. Wie viele andere Genies auch sind sie zu naiv zu sehen, warum etwas nicht funktionieren könnte. Und Sie?

AUS DER
LETZTEN REIHE IN
DIE ERSTE

Was auch immer aus all den Projekten und Vorhaben wird, so illustrieren sie doch, wie komplex die Themen sind, mit denen wir uns beschäftigen werden müssen und welche Denkweisen erforderlich sein werden.

Es liegt in der Natur der Sache, dass der, der Probleme löst, reaktiv vorgeht. Wir müssen uns von diesem Denkmuster befreien und uns für gedankliche Prozesse öffnen, mit denen wir die Chancen in den Herausforderungen erkennen. Das Denkmodell in Möglichkeiten ist wirklich der einzige Schritt nach vorne – damit wir synergetisch mit den Maschinen zusammenleben und unsere eigene langfristige Entwicklung vorantreiben können.

Eine einfache Problemlösung ist obsolet. Das Schaffen von Möglichkeiten ist die Geisteshaltung der Zukunft – mit der wir diese Zukunft erschaffen.

Ich weiß nicht, ob es Regelwerke für Unternehmer und Führungsverantwortliche gibt, doch falls ja, sind sie inzwischen alle überholt.

Weil ...

Wir stehen an der Schwelle zu einem Jahrzehnt des Chaos.
Chaos ist nicht zwangsläufig etwas Schlechtes. Manchmal ist es regelrecht herrlich.

In evolutionären Prozessen wie vielen von denen, die wir in diesem Buch erörtern, kehrt dabei wider Erwarten sogar mehr Ordnung (das Gegenstück zu Chaos) ein. Doch der Katalysator für diese Ordnung war zunächst das Chaos. Das liegt daran, dass Ordnung ein Zustand ist, den uns Mutter Natur eingetrichtert hat.

Im großen Chaos des Urknalls waren Gase entstanden, die abkühlten. Daraus sind Planeten hervorgegangen, die Gravitation sorgte dafür, dass sich Sonnensysteme bildeten, Lebewesen krochen aus der Ursuppe, Affen begannen aufrecht zu gehen und irgendwann haben U2 den Song „Where the Streets Have No Name" (dt. Wo die Straßen keine Namen haben) aufgenommen.

Das Chaos hat Ordnung hervorgebracht und diese hat sich weiter ausgebreitet. Letztendlich wird das zu einem bahnbrechenden Meilenstein führen: Aus der Technologie erwächst ohne menschliches Zutun, ohne den Eingriff der sie erschaffenden Spezies, eine neue Generation.

Einiges, worüber ich schreibe, lässt sich am besten als *chaordentlich* beschreiben. Diesen Begriff verwendet Ian Percy für die Wanderung entlang des Grats zwischen Ordnung und Chaos. Wenn Sie sich einige unserer Fallbeispiele ansehen, werden Sie nichts Chaotisches an ihnen finden; sie weichen einfach nur von der konventionellen Definition von Ordnung ab. Letztendlich werden sie Ordnung in die Dinge bringen. Die (R)Evolution des technischen Fortschritts beschleunigt sich exponentiell, schafft sie sich doch ihre eigene, wachsende Ordnung. Die Entfaltung des kreativen Genies folgt häufig ähnlichen Prozessen.

Kreativität kann entweder *adaptiv* sein – dann ändert oder modifiziert sie bereits Bestehendes und erschafft so etwas Neues. Oder sie ist *innovativ* – das heißt, sie lässt etwas völlig Neues entstehen, das es so noch nie gab. Beide Formen der Kreativität können Sie reich machen, und beide können die Welt verändern.

SYNCHRO-NIZITÄT IM HIRN

Eines der ersten Dinge, das Sie auf dem Weg zur Entfaltung Ihres verrückten Genies tun können, ist: aufhören, Ihr Gehirn als zweigeteilt in links und rechts oder logisch und kreativ zu betrachten. Und hören Sie auch auf, sich der einen oder anderen Gruppe zuzuordnen. Die Vorstellung von zwei Gehirnhälften, die separate Funktionen bedienen, beruht auf der Forschung an Unfall- oder Schlaganfallpatienten, bei denen einzelne Gehirnteile nicht mehr funktionieren. Wenn Sie bis hierhin gelesen haben, haben Sie ausreichend Zugang zu Ihren beiden Gehirnhälften, um brillant zu werden.

Der optimale Zustand ist, was die Wissenschaftler Synchronizität im Gehirn nennen, das heißt, Gedanken wandern von einer Seite auf die andere und stellen so neuronale Verknüpfungen zwischen der linken und der rechten Hemisphäre her.

Diese Synchronizität zwischen den Gehirnhälften verbessert Ihre kreative Leistungsfähigkeit enorm, ganz zu schweigen von Ihrem Lernvermögen, Ihrer Gedächtnisleistung und Ihrer Intuition. Es wird angenommen, dass dieser verbesserte Austausch zwischen den Hemisphären den Unterschied zwischen dem Durchschnittsbürger und Genies wie Einstein, Edison und Mozart ausmacht.

Stoßen Sie das rostige Tor zwischen den beiden Gehirnhälften auf und erfahren Sie:

- Gesteigerte geistige Klarheit
- Größere Kreativität
- Verbessertes Lernvermögen

DAS KREATIVE TRIO

Drei Elemente sind erforderlich, um das kreative Genie herauszubilden: *Erfahrung*, ein wie auch immer geartetes *Sammelsystem* und die *Handlung*. Betrachten wir einmal jedes für sich.

Erfahrungen in Ihrem Leben liefern die Anregungen, die Ihre Kreativität auf Touren bringen. Das ist auch der Grund, warum die meisten Menschen nicht kreativ sind. Sie tun tagaus, tagein immer das Gleiche. Sie arbeiten jahrelang im gleichen Job mit den gleichen beschränkten Aussichten, sie essen in den immer gleichen Restaurants, bestellen die gleiche Vorspeise und verbringen ihren Urlaub jedes Jahr am gleichen Ort. Sie verfügen über ein standardisiertes, begrenztes Erfahrungsspektrum.

Kreative Menschen reisen, lernen neue Sprachen, lassen sich auf andere Kulturen ein und treffen viele neue Menschen. Ihr Leben ist ein Kaleidoskop vielfältiger interessanter und unterschiedlicher Erfahrungen. Und weil jeder Tag neue Erfahrungen mit sich bringt, wird im Gehirn ein neuronales Wegenetz angelegt und keine Spurrinnen. Diese Menschen verfolgen auch ungewohnte Denkstrukturen und schaffen es besser, sich selbst zu verwirklichen.

Was kreative Menschen weiterhin tun, ist: ihre Erfahrungen sammeln und verinnerlichen. Aus diesem Grund sind so viele kreative Köpfe auch Redner, Schriftsteller, Musiker, Schauspieler und natürlich Unternehmer. Schauspieler wie Al Pacino, Meryl Streep und Denzel Washington gehen ganz in ihren Rollen auf. Sie erfassen unbewusst die Emotionen der dargestellten Situation. Dann stellen sie ihre Figuren eben nicht mehr nur dar, die Rollen werden ein Teil von ihnen und umgekehrt. Ein kreatives schriftstellerisches Genie wie Hemingway fängt Ethos, Emotion und externen Kontext der beschriebenen Situationen ein, indem er sich selbst in diese Situationen versetzt und uns dann mit auf die Reise nimmt.

Es ist vermutlich kein Zufall, dass die meisten brillanten Unternehmer, die ich kenne, zwar vollständig ausgestattet sind mit Smartphone, Tablet und Laptop, aber trotzdem ein Notizbuch besitzen, in das sie von Hand schreiben. Ein Tagebuch kann Ihre kreative Muse beflügeln. Sie sind alleine mit Ihren Gedanken und können sich voll auf diese konzentrieren. Diese Art der geistigen Klausur und Selbstbetrachtung ist immer gut für den Schaffensprozess. (Ich selbst habe zwei Schreibtische: einen handelsüblichen mit dem ganzen Technikkram, und einen Zeichentisch mit Pinnwand, Skizzenblock, Farbstiften und Textmarkern.)

Die beste Art, Konzepte einzufangen, ist allerdings, sie zu erschaffen.

An dieser Stelle kommt die Handlung ins Spiel. Ideenreichtum alleine macht noch keine Kreativität aus. Kreativ sein heißt, etwas Handfestes aus Ihren Tagträumen machen. Gründen Sie ein neues Unternehmen, bringen Sie ein neues Produkt auf den Markt, entwickeln Sie eine innovative App.

Nicht alles, was Sie anpacken, wird auch funktionieren. Aber darum geht es gar nicht. Es geht darum, dass Sie an der Sache dranbleiben, Dinge tun, vorankommen. Sie werden aus Ihren Misserfolgen genauso viele Erkenntnisse ziehen wie aus Ihren Erfolgen. Feiern Sie beides.

Newtons Physik hat uns so weit gebracht, wie es ihr möglich war. Die moderne Wirtschaft hingegen belohnt Kunst und Innovation und Mut ... brillante Ideen, die unter einzigartiger Anleitung von eingespielten Teams für hochmotivierte Kunden umgesetzt werden. Gehen Sie jedes intellektuelle Risiko ein und leisten Sie jede emotionale Schwerstarbeit, zu der Sie fähig sind.

– Seth Godin

DER KAMPF GEGEN DEN WAHN DER GRÖSSE

Erinnern Sie sich noch, wie es bei der großen Rezession von 2008 hieß, die großen Banken und Investmenthäuser seien zu groß, um pleite zu gehen. Diese Aussage ist sicherlich fragwürdig, aber unumstritten ist die Tatsache, dass Banken ein schlechtes Vorbild für erfolgreiche Unternehmer sind, deren Parole lauten muss: Hüte dich vor übermäßigem Wachstum, wenn du überragend sein willst.

Unternehmen, die erfolgreich sind, überfrachten sich oft mit zu vielen Schichten, Glaubenssätzen und Bürokratie. Im gleichen Maß, wie viele Verlage scheinbar danach streben, sich überflüssig zu machen, ist der Bankensektor eine Branche, die sich gegenüber den drohenden Gefahren taub zu stellen scheint. Zu groß kann ganz schnell in bedeutungslos umschlagen.

Ich möchte Ihnen anhand eines Fallbeispiels zeigen, wie das Bankgewerbe funktioniert, denn es hält viele Lektionen bereit im Hinblick auf Organisationen, die so groß werden, dass sie nicht länger reaktionsfähig sind und im Markt bestehen können.

Vor Kurzem legte ich ein Sabbatical ein und bereiste die Welt. Ich hielt es für eine coole Idee, mir eine neue Stadt herauszusuchen und dorthin zu ziehen. San Diego hatte mir bei meinen vergangenen Besuchen stets sehr gut gefallen, also beschloss ich, dorthin zu ziehen, falls sich eine geeignete Wohnung finden ließ.

Ich setzte mich mit meinem Bankberater bei Wells Fargo in Verbindung und bat um eine Vorabzusage für einen Immobilienkredit, damit ich bei einem passenden Objekt sofort den Kaufvertrag unterschreiben konnte. Ich nannte die Summe, die mir vorschwebte, reichte alle erforderlichen Unterlagen ein und hatte einen Monat später meine Zusage. (An dieser Stelle hätten meine Alarmglocken das erste Mal schrillen müssen. Ein Monat Wartezeit ist angesichts des heutigen Marktgeschehens lächerlich lange.)

Ich engagierte einen Immobilienmakler vor Ort und fand ein Gebäude, das mir sehr gut gefiel. Doch es gab keine Wohnung in einem höheren Stockwerk für die Aussicht, die ich mir wünschte. Ein paar Monate später, während ich mich in Australien aufhielt, wurde kurzfristig ein Objekt frei, das meinen Kriterien entsprach.

Der Immobilienmarkt in San Diego brodelte. Ich wollte den Deal rasch unter Dach und Fach bringen. Wohneinheiten wurden exklusiv angeboten und binnen weniger Tage verkauft. Aber Wells Fargo litt noch unter den Nachwirkungen der geplatzten Immobilienblase. Sechs Wochen lang versuchte ich jeden Tag, zu einem Abschluss zu kommen. Sechs Wochen lang wurde ich jeden Tag um ein weiteres Dokument, einen anderen Brief oder sonst etwas gebeten. Vergessen

Sie bitte nicht: Das alles fand statt, nachdem ich bereits die Vorabzusage erhalten hatte.

Was war also das Problem? Zwischen dem Hauseigentümerverband und dem Bauträger war ein Rechtsstreit anhängig. Keine ungewöhnliche Sache heutzutage. Um der Wahrheit die Ehre zu geben, geschieht dies dauernd. Ich wusste von dem Rechtsstreit, als ich mein Angebot einreichte, und hatte damit kein Problem. Der Bauträger war kooperationsbereit, um zu einer Einigung mit der Versicherungsgesellschaft zu kommen.

Doch weil diese Klage noch im Raum stand, war der Entscheidungsträger in der Bank offensichtlich nicht in der Lage, den entsprechenden Punkt auf der Checkliste einfach abzuhaken. Sechs Wochen lang wurde ich mit Aufforderungen überschüttet, weitere Informationen zu liefern. Es nahm kein Ende. Am Ende gab ich auf, verkaufte einen Teil meiner Goldreserven und bezahlte die Wohnung bar.

Banken (und übrigens jedes Unternehmen) können ihre Geschäfte so nicht führen, wenn sie im heutigen Marktgeschehen nicht abgehängt werden wollen. Das war allerdings erst Teil eins unserer Fallstudie.

Ich kam zu dem Schluss, dass Wells Fargo zu bürokratisch organisiert war, um für einen Unternehmer wie mich als Bank tragbar zu sein. Ich hatte mich gerade entschlossen, meine sämtlichen Konten dort zu schließen, als ich erfuhr, dass Wells Fargo der größte Förderer des San Diego Asian Film Festival ist, einer Veranstaltung, die mir persönlich sehr am Herzen liegt. Also wickelte ich meine Geschäfte weiterhin über sie ab.

Springen wir zwölf Monate in die Zukunft.

Mir wird bewusst, dass ich bei der Idee, dorthin zu ziehen, wo der Finger auf der Landkarte landet, die Einkommensbesteuerung nicht berücksichtigt habe. Kalifornien hat mit eines der belastendsten, erdrückendsten und intolerantesten Einkommenssteuergesetze der Vereinigten Staaten. Also möchte ich nur noch die Sommermonate dort verbringen und meinen Erstwohnsitz wieder nach Florida verlegen.

Ich finde ein wunderschönes Penthouse, das mir sehr gut gefällt, und wieder ist der Markt heiß. In Miami kocht er fast über. Und wieder einmal sind die Banken nicht auf dem Laufenden. Ich bin aus meinen vergangenen Erfahrungen klug geworden und gehe zu LendingTree, wo „Banken für Sie kämpfen".

So weit, so gut. Innerhalb weniger Minuten erhalte ich fünfzehn Angebote per E-Mail von interessierten Darlehensgebern, unter anderem natürlich Wells Fargo. Bevor wir weiter machen, sollten Sie noch ein paar Dinge wissen ...

Meine Bonitätsnote ist so gut, wie sie nur sein kann, wenn man nicht gerade Bill Gates oder Oprah heißt. Ich habe nirgendwo Schulden, habe meinen Immobilienbesitz abbezahlt und verdiene jede Menge Geld. Ich verfüge über mindestens fünf Kreditkarten mit einem Rahmen zwischen 50.000 Dollar und unbegrenzt und begleiche diese Rechnungen jeden Monat vollständig und pünktlich. Ich bin der ideale Zielkunde einer jeden Bank.

Ich mache mich daran, bei allen Geldgebern von LendingTree Immobilienkreditanträge zu stellen. Dann stellt sich heraus, dass das Gebäude, in das ich mich einkaufen möchte, während der geplatzten Immobilienblase 2009 eröffnet wurde. Viele Spekulanten hatten ihre Finger in dem Gebäude und es kam zu zahlreichen Zwangsvollstreckungen, sodass das Gebäude als nicht garantiefähig gilt und weder Freddie Mac noch Fannie Mae bereit sind, Darlehen in Verbindung mit dem Gebäude abzusichern.

Dreizehn der fünfzehn Kreditgeber machen sofort einen Rückzug. Sie leben noch unter dem Schatten von 2009 und haben nicht erkannt, welche Chancen der Markt in Miami im Jahr 2014 bietet. (Oder der lukrative neue Kunde, den sie an Land ziehen könnten.) Am Ende bleiben nur Citibank und mein alter Freund Wells Fargo übrig.

Ich rufe den Sachbearbeiter bei Wells Fargo an, der sich per E-Mail bei mir gemeldet hatte, erkläre ihm, dass ich den Umgang mit meinem letzten Kreditanliegen missbillige, und sage ihm auf den Kopf zu, dass ich nicht bereit bin, weitere Zeit mit ihm zu verschwenden, wenn er mir nicht umgehend eine Kreditzusage geben kann. Er hört mir aufmerksam zu, ist guten Willens und fleht mich an, ihm die Chance zu geben, die Angelegenheit mit der Bank zu klären.

Als er herausfindet, dass das Gebäude als nicht garantiefähig gilt, weiß er, dass er vor einem Problem steht. Er teilt mir mit, dass der Kredit für die Bank nicht tragbar ist, weil sie ihn nicht verkaufen kann. Vergessen Sie dabei bitte nicht, dass ich seit sechzehn Jahren Kunde bei Wells Fargo bin und über meine Konten Millionen an Dollar laufen. Mir ist schon klar, dass Wells Fargo oder welche Bank auch immer mein Geld braucht, um damit Geschäfte zu machen und überlebensfähig zu bleiben. Ich bin selbst ein Vertreter der freien Marktwirtschaft und habe damit kein Problem. Aber können sie nicht wenigstens so tun, als wären meine finanziellen Bedürfnisse ihre Angelegenheit und als würden sie mich gerne als Kunden behalten?

Was hat mein Kundenbetreuer mir zu verstehen gegeben?

Wenn wir in den Google Übersetzer eingeben, was er gesagt hat, erhalten wir folgenden Text: „Es tut mir leid, Randy. Die Zinsen, die wir mit deinem Kredit verdienen, sind nicht genug. Wenn wir den

Kreditvertrag nicht verkaufen und damit noch ein paar Dollar extra an dir verdienen können, bist du als Kunde für uns nicht von Interesse."

Mein heldenhafter Kundenbetreuer wollte allerdings retten, was zu retten war, und versprach, eine Verzichtserklärung für das Gebäude zu erwirken. Doch die ganze Situation verwandelte sich in *Und ewig grüßt das Murmeltier.* Jeden Tag wurde ich aufs Neue um belanglose und unwichtige Unterlagen gebeten. Hier ein paar Beispiele: Eine große Überweisung von der Firma XYZ taucht auf meinem Konto auf. Ich werde gebeten, ein Schreiben vorzulegen, aus dem hervorgeht, dass die Überweisung in der Tat von der Firma XYZ stammt. Obwohl das Geld bereits auf dem Konto ist und die Firma mir seit mehr als neun Jahren monatlich Geld überweist.

Ich soll die Steuererklärungen der vergangenen drei Jahre vorlegen. Drei Wochen später heißt es, die Steuererklärungen müssten beglaubigt werden. Also ist mein Buchhalter mit dem ganzen Satz Unterlagen zum Finanzamt gefahren und hat dort gewartet, bis die Beglaubigungen fertig waren. Vier Wochen später verlangt Wells Fargo Abschriften meiner Steuererklärungen, um sicherzustellen, dass ich mein Einkommen nicht zu hoch angesetzt habe. (Offensichtlich ist eine Seuchewelle ausgebrochen, die Menschen dazu verleitet, Steuererklärungen mit überhöhtem Einkommen einzureichen, um mehr Steuern zahlen zu dürfen – vielleicht in einem Anfall von Patriotismus, um die Staatsverschuldung zu senken. Als ich meinen Bankberater damit konfrontierte, antwortete er, es sei geltende Praxis, immer Kopien zu verlangen. Ich frage, warum ich nicht schon vor acht Wochen darum gebeten wurde. Peinliche Stille.)

Ich wollte den Deal in zwei oder drei Wochen unter Dach und Fach bringen. Falls Wells Fargo keine Rückmeldung, Zusage oder

Absage in den acht Wochen bis zum geplanten Abschlussdatum erhielt, würde ich meine Anzahlung verlieren. In letzter Minute erhielt ich vom Verkäufer eine Verlängerung von sieben Tagen. Wells Fargo konnte mir immer noch keine Antwort geben, sondern bat mich nur um noch mehr Unterlagen. Wieder einmal konnte ein Kästchen auf der Checkliste nicht abgehakt werden und es war kein Alternativprozess vorgesehen, bei dem der gesunde Menschenverstand zum Einsatz kommt.

Am Stichtag war mein armer Sachbearbeiter zu verlegen, um sich überhaupt noch einmal zu melden. Er ist das perfekte Beispiel für einen engagierten Mitarbeiter, der in einer toten Organisation zugrunde geht. (Und so etwas gibt es heute in Tausenden Einrichtungen.)

Mir blieb nur noch Citi.

Ich muss feststellen, dass sie keinen Deut besser sind als Wells Fargo, vermutlich sogar schlechter. Wie bei Wells Fargo legte ich alle angeforderten Unterlagen sofort vollständig vor. Aber wie Wells Fargo verfügt auch Citi nicht über eine Immobilienkreditvergabeabteilung, sondern über eine Immobilienkreditverhinderungsabteilung. Alle paar Tage werde ich um immer neue Dinge gebeten, von denen keins auf der ursprünglichen Liste stand. Alle paar Tage schickt ihnen mein persönlicher Assistent die gewünschten Papiere. Ich erinnere sie daran, dass mein Stichtag in großen Schritten näher rückt. Vier Tage vor dem Termin befinden sie sich in einer Sackgasse, denn sie benötigen nicht nur eine Verzichtserklärung für das nicht garantiefähige Gebäude, sondern eine weitere Verzichtserklärung wegen eines anderen, unbedeutenden offenen Rechtsstreits zwischen der Gebäudeverwaltung und dem Kabelanbieter.

Mein Sachbearbeiter sagt, das sollte kein Problem sein. Aber die vier Tage vergehen, und ich habe immer noch keine Rückmeldung.

Vergessen Sie nicht, ich habe eine Verlängerung von sieben Tagen erhalten. Am Stichtag für den Verkaufsabschluss erkläre ich, dass ich heute noch eine Antwort brauche. Entweder ich erhalte die Kreditzusage oder ein Schreiben mit einer Absage und der Begründung, dass sie aus den beiden genannten Gründen nicht in das Gebäude investieren möchten, damit ich hoffentlich meine Anzahlung zurückbekomme.

Fünf Uhr kommt und fünf Uhr geht. Eine Vorgesetzte informiert mich per E-Mail, dass sie meinen Fall den ganzen Abend lang überwachen und mich kontaktieren wird, sobald sie etwas hört. (An einem Freitagabend. In der Bankenbranche. Ist das ihr Ernst?)

Natürlich höre ich keinen Ton. Am Montag schreibe ich sie wieder an, denn technisch gesehen bin ich im Verzug und riskiere, 30.000 Dollar zu verlieren. Man versichert mir, dass der Fall nach ganz oben eskaliert wurde und ich sofort eine Antwort erhalten werde. Der Tag verstreicht, eine Antwort erhalte ich nicht. Der Verkäufer ruft meinen zuständigen Immobilienmakler an und verlangt die Auszahlung der 30.000 Dollar, die ich als Anzahlung hinterlegt habe.

Am nächsten Morgen schicke ich eine letzte E-Mail an Citi. Ich erläutere erneut, wie ernst die Situation ist, und erkläre, dass ich nicht mehr bereit bin, mir die Frustration und die emotionale Belastung anzutun, die mit der Unfähigkeit von Citi verbunden sind, mir zeitgerecht und professionell eine einfache Zu- oder Absage eines Kreditantrags zu erteilen.

Ich weise noch einmal darauf hin, dass ich eigentlich mehr suche als einen Immobilienkreditgeber. Was ich wirklich suche, sind eine Bank und ein Bankmanager, der meine gesamten geschäftlichen Bedürfnisse erfüllt. Ich bin ein Unternehmer mit vielen Projekten, also brauche ich einen Banker, der wie ein Unternehmer denkt und nicht wie ein kleiner Angestellter in einem Fast-Food-Restaurant oder einem bürokratischen Moloch, der derart tief im Sumpf seiner sinnlosen Prozesse steckt, dass es niemand mehr wagt oder schafft, eine Entscheidung zu treffen. Es sollte egal sein, ob ich mit meinem Immobilienkredit ein Crack-Haus in Overtown oder ein Bordell in Las Vegas kaufen möchte. Meine Vermögensaufstellung, meine Bonitätsnote, meine finanztechnische Vorgeschichte und Kreditwürdigkeit sind derart solide, dass es möglich sein sollte, eine Entscheidung innerhalb von achtundvierzig Stunden zu treffen.

Ich mache deutlich, dass eine der beiden folgenden Optionen heute noch geschehen muss: Erstens – ich erhalte eine schriftliche Zusage per E-Mail an mich und meinen Makler, aus der ersichtlich ist, bis wann und in welcher Höhe die erforderlichen Geldmittel bereitgestellt werden. Oder zweitens – ich erhalte eine schriftliche Absage, aus der hervorgeht, dass man aus Furcht vor der fehlenden Garantiefähigkeit und dem anhängigen Rechtsstreit keinen Kredit für dieses Gebäude vergibt, damit ich versuchen kann, meine Anzahlung zurückzuerhalten.

Ich schließe mit folgenden Sätzen: „Ich möchte noch einmal in aller Deutlichkeit klarstellen: Dies sind die *einzigen* beiden Optionen, die zur Verfügung stehen. Eine Mitteilung, dass mein Fall noch in Bearbeitung ist und keine abschließende Entscheidung getroffen werden kann, ist für mich nicht akzeptabel. Ich muss morgen über das Geld verfügen können, um den Verkäufer davon zu überzeugen, dass es mir mit meiner Kaufabsicht ernst ist, und um meine Anzahlung nicht zu verlieren. Oder ich muss eine Ablehnung vorweisen können, in der Hoffnung, damit meine Anzahlung zurückzuerhalten und nicht durch Ihr Verschulden 30.000 Dollar zu verlieren."

Um 10 Uhr Pacific Standard Time meldet sich mein Sachbearbeiter von Citi bei mir und erklärt: „Ich bitte vielmals um Entschuldigung, aber wir sind zum gegenwärtigen Zeitpunkt nicht in der Lage, die erste Option zu erfüllen. Wir können ohne weitere Unterlagen von Ihnen keine Zusage welcher Art auch immer erteilen."

Und von was für Unterlagen sprechen wir?

- Einem Schreiben, aus dem hervorgeht, warum ich über Immobilieneigentum in Florida verfüge (tue ich nicht).
- Einem unterschriebenen und datierten Brief, in dem sich der Mieter meiner zukünftigen Immobilie bereit erklärt, die Räumlichkeiten zu räumen. (Es gibt keinen Mieter.)
- Einer Kopie des Mietvertrages mit dem imaginären Mieter.
- Einer ausführlichen Erklärung mit Datum und Unterschrift, warum ich nach Kalifornien gezogen bin und jetzt wieder Wohneigentum in Florida erwerben möchte.

Was soll man da noch machen? Ich antwortete mit der Bitte, mir eine Absage zuzusenden und aufzuhören, unser aller Zeit zu vergeuden. Was uns zu der ersten Lektion führt:

Mit kleinkarierten Menschen lassen sich keine Geschäfte machen.

Es gibt keine Macht auf Erden, die stark genug ist, an einem kleinen Bürokraten vorbeizukommen, der es sich zum Ziel gemacht hat, ein Geschäft zum Scheitern zu bringen. Sollten Sie sich jemals in einer derartigen Situation wiederfinden, ist es das Klügste, den Schaden zu begrenzen und nach vorne zu blicken. Ich schrieb meine dreißig Tausend ab und zog weiter.

Ich erzähle Ihnen das alles nicht, um meinen Frust über die verwaltungslastigen Unternehmen abzuladen, die noch nicht einmal bemerken, dass sie Kundenabschreckung betreiben. (Okay, ein bisschen vielleicht schon.) Wells Fargo und Citi sind Beispiele aus dem Lehrbuch für die Denkweise und Kultur, die gegenwärtig in den meisten Köpfen auf Vorstandsebene vorherrschen. Die Bankenbranche ist davon noch weitaus stärker infiziert als andere Sektoren, in denen Sie allerdings ebenfalls dieses rückwärts gerichtete, aufgeblähte und abgehobene Gedankengut vorfinden. Das ist Herdendenken par excellence. Mitarbeiter mit der Geisteshaltung eines Unternehmers werden aus diesen Organisationen vertrieben; zurück bleiben hirnlose Drohnen, die nichts anderes tun können, als Checklisten abzuhaken.

Ich bin bereit zu wetten, dass mein Eigenkapital höher ist als bei 999 der letzten 1.000 Kreditanträge, denen beide Banken eine Zusage erteilt haben. Ich bin bereit zu wetten, dass meine Bonitätsnote höher ist als bei 999 der letzten 1.000 Kreditanträge, denen beide Banken eine Zusage erteilt haben. Ich bin bereit zu wetten, dass mein Jahreseinkommen höher ist als bei 999 der letzten 1.000 Kreditanträge, denen beide Banken eine Zusage erteilt haben.

Weder meine Kreditwürdigkeit noch meine Person noch meine Fähigkeit, das Darlehen zurückzuzahlen, standen zur Debatte. Aber beide Organisationen betreiben eine Kultur institutionalisierter Dummheit. Wenn nicht jeder Punkt auf der Checkliste abgehakt werden kann, gibt es niemanden mit der Befugnis oder dem Verstand, die Situation zu klären und den Kunden zu behalten. Sie sind nicht zu groß für eine Pleite, nur zu groß für Exzellenz.

Abschließend möchte ich zum Bankgewerbe noch Folgendes sagen: Der größte Trend in der Branche ist die Wiederkehr der kleinen, örtlichen Banken. Aber auch sie werden nicht mehr Erfolg haben als die schwerfälligen Dinosaurier, wenn sie nicht auf einer übergeordneten Ebene denken.

Während meines Fiaskos mit Wells Fago und Citi machte mein Immobilienmakler den Vorschlag, bei einem Freund in einer lokalen Bank in Orlando einen weiteren Versuch zu unternehmen. Meine Erfahrung dort unterschied sich nicht von den überregionalen Banken – Verzögerungen, Bürokratie, längst überholte Verfahren und ein wenig effizient arbeitender Banker, der dem ganzen Vorgang mehr zu schaden als zu nutzen schien. Sie werden nun vermutlich einwerfen, dass es nicht gerade die neuesten Nachrichten sind, dass es im Bankensektor eine weitere unwillige Arbeitsdrohne gibt. Ich möchte es nur erwähnen wegen seiner Funktion. Es handelte sich nämlich um den Präsidenten der Bank.

Sind Sie wirklich der Ansicht, dass die Banken bereit sind, sich den Herausforderungen von Offshore-Banken, Online-Währungen, Apple Pay, digitalen Brieftaschen und den sonstigen Entwicklungen in der Finanz- und Zahlungsabwicklungsbranche zu stellen? Keine Bank ist dafür gerüstet. Wir müssen uns also die Frage stellen, ob es in der neuen Wirtschaftsordnung noch einen Platz für Banken gibt.

Auf dem Bankgewerbe lässt sich gut herumhacken, denn die großen Institute wie Wells Fargo und Citi leben in einem alternativen Universum (genannt „die Vergangenheit"), wo sie sich für so groß und unverzichtbar halten, dass sie uns ihre Bedingungen aufzwingen und ihre Kunden durch Reifen springen lassen können, um ihr Bedürfnis nach immer mehr Bürokratie zu erfüllen. Aber diese Tage sind gezählt. Womit Sie sich wirklich beschäftigen sollten, ist die Frage, inwieweit Ihre Unternehmenskultur der hier beschriebenen ähnelt. Deshalb sollten Sie sich einige Fragen zu Ihrem Unternehmen stellen:

- Verfügen Sie über Prozesse oder Systeme, die auf eine Marktsituation ausgerichtet sind, wie sie vor einem, zwei oder fünf Jahren herrschte?

- Sind Ihre Mitarbeiter befugt und in der Lage, Entscheidungen zu treffen, um wertvolle Kunden zu binden?
- Haben Sie so viele bürokratische Schichten aufgehäuft, dass Sie den Bodenkontakt zum Markt verloren haben?
- Ist Ihr Kaufprozess so gestaltet, dass sich Neu- und Bestandskunden gleichermaßen gut zurechtfinden, oder lassen Sie sie „durch Reifen springen", damit es Ihre Bürokratie besonders einfach hat?
- Welche Entwicklung könnte Ihre Branche erschüttern und Ihre Organisation überflüssig machen?

EINE ANMERKUNG: Sieben Tage *nach* dem Stichtag, zu dem meine Anzahlung verfallen sollte, schrieb mir mein Kundenbetreuer von Wells Fargo aufgeregt eine E-Mail, um mir mitzuteilen, dass er eine Zusage erhalten habe ... aber ich müsste noch weitere fünf Dokumente vorlegen. Ich wusste nicht, ob ich schreien, eine Banane essen oder meinen Kopf in den Gasofen stecken sollte.

NEUGIERDE IST ETWAS MERKWÜRDIGES

Nach einem Softballmatch fuhr ich mit dem Taxi zum Flughafen in Birmingham, von wo es nach Hause gehen sollte. Wir fuhren an einem Schild vorbei, das verkündete: „Willkommen am internationalen Flughafen von Birmingham". An und für sich ist daran nichts Besonderes. Schilder dieser Art stehen an der Zufahrt zu fast jedem Flughafen.

Doch ich war von diesem Schild aus irgendeinem Grund fasziniert. Denken Sie einmal darüber nach.

Ich warte ...

Ich fragte den Taxifahrer, welche internationale Fluglinie denn Birmingham, Alabama, anflog. Er hatte keine Ahnung. Also fragte ich den Gepäckträger am Flughafen. Auch er hatte keine Ahnung. Ich erkundigte mich am Schalter. Die Mitarbeiterin wusste es auch nicht, wurde aber neugierig und fragte den Kollegen am Schalter nebenan. Und der fragte weiter. Rief den Vorgesetzten. Keiner wusste es. Vom achten Mitarbeiter erhielten wir dann endlich eine Antwort: Es gab einen Flug von Delta aus Atlanta nach Birmingham, der sich einen Code mit Aeroméxico teilt, was Birmingham als „internationalen" Flughafen qualifiziert.

Wie viele hunderttausend Reisende sind bereits an diesem Schild vorbeigekommen und haben sich niemals darüber gewundert?

Ich glaube, dass die Neugierde, die mich veranlasst hat, diese Frage zu stellen und so lange hartnäckig weiterzuverfolgen, bis ich eine zufriedenstellende Antwort erhalten hatte, die spezielle Eigenschaft ist, die mich zu einem erfolgreichen Unternehmer macht. Welchen Einfluss die Neugierde auf Innovation, kritisches Gedankengut und Kreativität ausübt, lässt sich gar nicht hoch genug einschätzen.

ENTBRANNT VOR NEUGIERDE, NICHT WUT

Im Jahr 2007 wurde ich eingeladen, auf der Jahrestagung der National Speakers Association (NSA) eine Rede zu halten. Der Organisator des Kongresses war der eingangs erwähnte Ian Percy. Er bat mich, über das Thema Wohlstandsbewusstsein zu sprechen, dabei das Publikum herauszufordern (was ich immer besonders gerne tue) und Glaubensmuster zu hinterfragen, die ich für besonders hinderlich bei der freien Entfaltung halte.

Damals war die NSA ein sehr konservativer Verband, der es sich auf die Fahnen geschrieben hatte, das fortzuführen, was sie in den 1970ern begonnen hatten. Ich traf viele talentierte Menschen, doch die meisten von ihnen waren Motivationsredner mit zyklischen, labilen Geschäften. (Und leider auch zahlreiche Menschen mit nicht so viel Talent, die immer noch glauben, in ihren Reden Bannisters Vier-Minuten-Meile, warum Großmutter die Enden vom Schinken/Truthahn/Braten abschneidet und die Geschichte vom Pferd aus dem Hut ziehen zu müssen.) Die allermeisten Redner befolgten das Geschäftsmodell „Es ist einfacher, ein neues Publikum zu finden, als eine neue Rede zu schreiben".

Bei einem Blick auf die Webseiten der Mitglieder stellte ich fest, dass die Organisation 573 Verkaufstrainer umfasste, die weltweit die Nummer eins waren. Und mindestens 300 Personen behaupteten von sich, der herausragendste Motivationsredner im ganzen Universum zu sein. Und mindestens ein Dutzend von ihnen konnte tatsächlich einen Berg mithilfe eines Senfkorns bewegen. Also forderte ich das Publikum mit einigen einschlägigen Fragen heraus. Wie zum Beispiel:

- Wenn Sie ein derart brillanter Verkaufstrainer sind, warum können Sie dann nicht mehr von Ihren Reden verkaufen?
- Wenn Sie ein derart dynamischer Motivator sind, warum können Sie dann nicht Vortragsagenturen dazu motivieren, sich bei Ihnen zu melden?
- Wenn Sie ein derart erfolgreicher Unternehmensberater sind, warum engagieren Sie sich nicht selbst?
- Wenn Sie wirklich einen Berg mithilfe eines Senfkorns bewegen können, warum können Sie dann Oprah nicht dazu bewegen, Ihr Buch zu bewerben?

Diese Fragen waren keineswegs bissig gemeint. (Nicht, dass ich nicht bissig sein kann, wenn ich will.) Ich wollte nur aufzeigen, wie weit die Schere zwischen dem, was sie ihren Kunden verkaufen, und dem tatsächlichen Resultat im eigenen Geschäft auseinanderklafft.

Ich wollte sie dazu bringen, ihre grundlegenden Überzeugungen in Bezug auf Selbstwert und Wohlstand zu hinterfragen.

Ich wollte sie dazu animieren zu erkunden, was sie selbst daran hinderte, noch größer herauszukommen. Lag es an den falschen Marketingtexten, den Demovideos oder der Webseite, oder torpedierten sie unbewusst selbst ihren eigenen Erfolg, weil Selbstzweifel an ihnen nagten?

Mehr als 1.500 Zuhörer saßen in dem Saal. Sie waren inzwischen unruhig geworden und begannen, nervös zu lachen. Aber ich muss es NSA lassen: Etwa 1.480 von ihnen waren ehrlich bereit, sich kritisch mit den Fragen auseinanderzusetzen und darüber nachzudenken. Auch acht Jahre später erhalte ich immer noch Fanpost von Zuhörern, die mir erzählen, dass diese Rede der Wendepunkt in ihrem Leben war.

Einige Dutzend Leute allerdings waren unsagbar zornig auf mich. Vielleicht lag es an der Stichelei wegen des Senfkorns, oder es war mein Facebook-Profil, in dem ich mich als „fundamentaler Agnostiker" bezeichne, was mich in ihren Augen zu allem – von einem Heiden bis zum Antichrist – machte. Einige stürmten aus dem Saal und warfen die Tür laut hinter sich zu. Und weil solche Türen so konzipiert sind, dass sie nicht laut knallen, machte sich eine Dame die Mühe, zurückzukommen, um die Türe noch einmal zuzuwerfen.

Unternehmer können sich den Luxus derartiger Engstirnigkeit nicht leisten.

Wir leisten uns noch nicht einmal den Luxus einer objektiven Denkweise.

Holen Sie bitte tief Luft und lesen Sie den letzten Satz noch einmal. Wenn Sie das verrückte Genie wirklich freisetzen möchten, müssen Sie bereit sein, alle Grundüberzeugungen zu hinterfragen. In allen Bereichen.

Hinterfragen Sie alles.

Seien Sie objektiv. Versuchen Sie dann, subjektiv zu sein. Werden Sie anschließend unvernünftig. Und wenn Sie das immer noch nicht dahinbringt, wo Sie hinmöchten, wenden Sie sich dem Hanebüchenen zu.

Hinterfragen Sie alles.

Glaubenssätze sind eine komische Sache. Die meisten Menschen haben unvernünftige oder hanebüchene Vorstellungen, halten sich selbst aber für völlig normal und vernünftig. In der Folge sind die meisten Menschen nicht bereit, ihre Glaubenssätze zu hinterfragen. Aber genau dort liegt der Durchbruch.

Hinterfragen Sie alles.

Beim kritischen Denken dreht sich alles darum, sicher zu sein, dass Ihre Überzeugungen auf zutreffenden Annahmen beruhen. Indem Sie Ihre Überzeugungen überprüfen, hinterfragen und anschließend analysieren, können Sie feststellen, ob sie Ihnen wirklich dienlich sind.

Hinterfragen Sie alles.

Wenn Ihre Glaubenssätze Ihnen dienlich sind, behalten Sie sie. Wenn Sie eine Überzeugung finden, die nicht hilfreich ist, trennen Sie sich von ihr wie von einem schlecht sitzenden Mantel, den sie durch einen besser passenden ersetzen. Und wenn Sie das nächste Mal jemandem begegnen, der Ihre grundlegenden Überzeugungen herausfordert, treten Sie ihm voller Neugierde und nicht voller Wut gegenüber.

Er sagt, der Himmel ist rot. Aber ich weiß doch, dass der Himmel blau ist. Das habe ich doch schon in der zweiten Klasse gelernt. Ich kann aus dem Fenster schauen und mit meinen eigenen Augen sehen, dass der Himmel blau ist. Warum ist er dann überzeugt davon, dass der Himmel rot ist?

Neugierde erwächst aus Wissensdurst, und Wissbegierde ist eines der Fundamente für kreatives Denken. Brillante Unternehmer hinterfragen von Natur aus alles. „Warum machen es alle so und nicht anders?" „Warum ist es nicht möglich?" „Ich weiß, dass es nicht machbar ist, aber falls doch, wie würden wir es umsetzen?"

Danny Iny, dem Gründer von Firepole Marketing, gehört eine schnell wachsende Onlinefirma. Er erklärt mir:

Aus meiner Sicht ist der wichtigste Eckstein unternehmerischer Kreativität eine innere Einstellung, die sich damit beschäftigt, „warum wir sollten" und „wie wir es machen". und nicht fragt, „ob wir sollten" oder „warum wir nicht können". Ich sage damit nicht, dass Sie jeder noch so abwegigen Idee nachjagen sollen. Aber Sie können nicht von vornherein wissen, welche Ideen wirklich behämmert sind und welche das Zeug haben, von wahrhaft verrücktem Genie beseelt und gleichzeitig dieses kleine bisschen abwegig zu sein, sodass die meisten Menschen sie als zu kompliziert oder zu riskant einstufen.

Der erste Schritt auf dem Weg zu wahrer Kreativität ist, zu sagen: „Okay, packen wir es an. Und so machen wir es." Unternehmerisches Brainstormen sollte wie Improvisationstheater angegangen werden (in dem das oberste Gebot lautet, immer der Improvisation der Kollegen zu folgen, nie zu widersprechen und niemals Nein zu sagen, da dies die Spannung und den Energiefluss (zer)stören würde.)

Machen Sie es sich in Ihrem Unternehmen zur Regel, einem neuen Ideenvorschlag erst einmal positiv und aufgeschlossen gegenüberzustehen, die Idee zu hegen und zu pflegen. Das kann sehr schwierig sein, ist es aber auf jeden Fall wert. Mir selbst gelingt es auch nicht immer, aber ich gebe mir allergrößte Mühe, das spontane „Nein" aus meinem Wortschatz zu streichen und durch „Erzähl mir mehr" zu ersetzen.

Hinterfragen Sie alles. Sogar die Idee, alles zu hinterfragen.

GLAUBEN SIE KEINEN KONVENTIONELLEN GLAUBENSSÄTZEN

Jede Branche hat ihre heiligen Kühe und akzeptierte, überlieferte Traditionen. Diese basieren auf grundlegenden Überzeugungen, die auf inzwischen veralteten Vorstellungen beruhen. (So sie denn jemals gültig waren.)

Eingangs sagte ich, mobile Apps werden nicht nur das Marketing revolutionieren, sondern alles verändern. Der Grund für die durchschlagende Wirkung dieser Apps (und anderer neuer Geschäftsmodelle) ist unter anderem die Tatsache, dass sie von Leuten konzipiert werden, die branchenfremd sind.

Deshalb wurde Amazon von Jeff Bezos gegründet und nicht von jemandem aus dem Buchhandel; und Uber wurde von einer Gruppe Menschen ins Leben gerufen, die mit der Taxibranche nichts am Hut hatten. Eben weil sie aus anderen Geschäftsbereichen kamen, waren diese Pioniere noch nicht den traditionellen Glaubenssätzen mit all ihren Beschränkungen verfallen, denen die allermeisten Entscheidungsträger dort unterlagen.

Ich bin mir sicher, viele kluge Köpfe in und hinter den Taxiunternehmen hatten bereits die Idee, die Fahrer per GPS mit den Kunden zu verbinden. Aber weil sie vom Herdendenken ihrer Branche eingeengt waren, haben sie die Idee vermutlich als zu teuer oder nicht umsetzbar verworfen. Sie waren so tief verwurzelt in ihrem System, bestehend aus Fahrdienstleitern und Funkverkehr, und hatten außerdem eine Monopolstellung inne, dass für sie kein zwingender Grund bestand, andere Modelle in Erwägung zu ziehen. Doch der freie Markt hat ihnen einen Schlag versetzt.

Die Kickstarter-Kampagne für die Pebble Time Smartwatch brachte innerhalb von zwölf Stunden 8 Millionen Dollar ein; damit wurde das Ende der bestehenden Regeln eingeläutet.

Die menschliche Natur scheint, was Innovation angeht, über eine Standardeinstellung zu verfügen. Alles, was es zum Zeitpunkt Ihrer Geburt bereits gab (unabhängig davon, wie unvorstellbar modern es damals war), erscheint Ihnen normal und natürlich. Alles, was bis zu Ihrem dreißigsten Geburtstag entwickelt wurde, ist umwerfend und revolutionär, und Sie möchten unbedingt ein Teil davon sein. Alles, was nach Ihrem vierzigsten Geburtstag auftaucht, ist lästig und böse, denn es hindert Sie daran, weiter auf bekannten Pfaden zu wandeln.

Buchhändler waren der Ansicht, Menschen würden niemals Bücher online kaufen wollen, und Plattenfirmen waren überzeugt, Downloads von Musik verbieten lassen zu können. Aber die Uhr lässt sich nicht zurückdrehen.

Ich liebe gute Buchläden, aber trotzdem bestelle ich die meisten Bücher bei Amazon. Ich habe immer noch das Originalalbum Dark Side of the Moon und ein paar andere Schallplatten mit Klassikern. Aber 99 Prozent meiner Musik sind auf meinem iPhone.

Ich möchte hier nicht die Taxibranche, den Buchhandel oder die Plattenfirmen an den Pranger stellen.

Ich möchte Sie dafür sensibilisieren, dass jede Branche ganz schnell aufwachen muss. Die Taxiunternehmen werden die Mitfahr-Portale und ihre Apps nicht zurückdrängen können, denn sie bieten dem Kunden großen Nutzen und fanden sofort größte Resonanz und Akzeptanz. Auch andere Branchen werden Turbulenzen in ihrem Umfeld nicht verhindern können, denn jede tiefgreifende Veränderung ist im Wesentlichen zum Vorteil für den Verbraucher. Allerdings funktionieren sie nur, wenn der Markt sie akzeptiert, und Marktakzeptanz erfahren sie nur, sofern sie ein besseres, schnelleres oder billigeres Angebot machen. Oder alle drei Kriterien zusammen erfüllen.

Sollten Sie versuchen, eine App oder ein Geschäftsmodell, das Ihr eigenes Unternehmen bedroht, verbieten oder beschränken zu lassen, sind Sie bereits zu einem Dinosaurier mutiert. Vorteilhafter wäre es, an einer besseren App zu arbeiten.

Die Zerstörung eines Marktes kann ziemlich schmerzhaft werden, wenn man der Kollateralschaden ist. Aber so funktioniert nun einmal die freie Marktwirtschaft. Und freies Unternehmertum ist der Motor, der unsere Wirtschaft in Gang hält. Das Wesentliche sind nicht die zerstörerischen Kräfte, sondern die kreativen Chancen, die daraus erwachsen.

STURZ
DER REGIERUNG!

Okay, wir müssen die Regierung nicht wirklich stürzen. (Wenigstens noch nicht.) Aber Internet, mobile Apps und andere Entwicklungen mit potenziell störendem Einfluss werden uns auch weiterhin anhalten, unsere Einstellung gegenüber Macht, Befugnissen und Rolle der Regierung zu überdenken.

In achtundvierzig Staaten ist es nur unter Auflagen möglich oder gilt gar als Gesetzesverstoß, ein Tesla-Auto zu kaufen. Warum? Weil Tesla nicht mit Händlern zusammenarbeitet.

Das Geschäftsmodell von Dell Computer basierte ausschließlich auf dem Direktvertrieb und niemand hat sich daran gestoßen. Das erfolgreichste Einzelhandelsgeschäft der letzten zehn Jahre waren die Apple Superstores, in denen Kunden direkt vom Hersteller kaufen konnten. Und auch damit hatte keiner ein Problem.

Warum also die Beschränkungen bei Tesla?

Die Gesetze für diese Branche wurden ursprünglich erlassen, um Vertragshändler von Fahrzeugherstellern wie Ford, GM und Chrysler zu schützen. (Heute könnten weder Ford noch Chevy einen Laden in LA eröffnen, auch nicht, wenn sie es wollten.) Tesla mit seinem innovativen Geschäftsmodell muss keine bereits bestehenden Verkaufsstrukturen „schützen". Worin genau besteht also das Problem?

Das Problem sind die Händler der alteingesessenen Autobauer. Sie sind zufrieden mit dem bestehenden System und möchten verhindern, dass die Hersteller auf neue Gedanken kommen. Sie versuchen, den Umbruch gesetzlich verbieten zu lassen.

Während ich diese Zeilen schreibe, ist der Bundesstaat Utah bestrebt, Zenefits schließen zu lassen. Dabei handelt es sich um ein aufstrebendes Jungunternehmen, das HR-Abteilungen ein Cloud-basiertes Dashboard anbietet. Mit dessen Hilfe können die Personalabteilungen Funktionen wie Einstellungsverfahren, Sozialabgaben und Lohnverwaltung verarbeiten. Zenefits bietet seine Dashboard-Dienste kostenlos an und verdient sein Geld über Provisionen für Versicherungen, wenn Unternehmen die Firma mit der Verwaltung ihrer Versicherungen betrauen.

Es hat den Anschein, als wären die anderen Versicherungsagenten nicht begeistert von der Vorstellung, gegen eine Konkurrenz mit kostenlosem Angebot antreten zu müssen, und wie viele andere aufgerüttelte Branchen haben sie ihre Vertreter in der Regierung aufgerufen, Zenefits zu verbieten. Die Versicherungsaufsichtsbehörde von Utah beschuldigt das Unternehmen, die geltenden staatlichen Gesetze über Anreize und Rabatte zu verletzen, indem es seine Software kostenlos zur Verfügung stellt.

Ähnliche Szenen spielen sich rund um Airbnb ab. Über diesen Community-Marktplatz kann man kurzzeitig Räumlichkeiten an Gäste untervermieten. In vielen Orten spielen sich diese oder vergleichbare Dienstleistungsangebote in einer rechtlichen Grauzone ab, denn die meisten Regierungen wissen noch nicht, wie sie damit umgehen sollen. Natürlich melden sich schon einige laute Stimmen zu Wort, denn dieses Modell könnte sich für das Immobilien- und Gastgewerbe als schädlich erweisen.

Das greifbarste Beispiel für den Zusammenprall von dramatisch-innovativem Modell und archaischer Gesetzgebung ist Uber. In vielen Städten setzen Taxiunternehmen die kommunalen Regierungen unter Druck, um durch ein Verbot der Mitfahr-Portale das Monopol ihrer Branche zu erhalten.

Sie kennen die Argumente: Die Fahrer werden nicht ärztlich untersucht und die Fahrzeuge sind nicht technisch geprüft, die Regierung hat keine Bewilligung erteilt, die Taxifahrer haben die Gebühren für die erforderlichen Transportgenehmigungen und Taxilizenzplaketten bezahlen müssen, die Passagiere sind nicht geschützt etc.

Das war jahrzehntelang unsere Sicht auf die Taxibranche (und den Schutz des Verbrauchers). Aber hilft uns diese Denkweise heutzutage noch weiter?

Wenn ich in Miami ein Taxi rufe, kann ich sicher sein, dass eine Rostlaube vor meiner Tür hält, und ich muss schon unverschämtes Glück haben, wenn die Klimaanlage funktioniert, ein Kreditkartenleser an Bord ist oder ich nur zwanzig Minuten warten muss. Wenn ich in San Diego ein Taxi rufe, wird ein etwas neueres Gefährt vor meiner Tür halten und ich werde nur zehn Minuten warten müssen, aber in 40 Prozent der Fälle wird mich der Fahrer nach Bargeld fragen, wenn ich mit der Kreditkarte bezahlen möchte.

Wenn ich, egal wo ich bin, einen Wagen bei Uber bestelle, wird der Fahrer schon auf der Straße stehen und warten, noch bevor ich in den Aufzug steigen kann. Die Autos sind immer neu und sauber. Die Fahrer sind stets freundlich, denn sie wissen, dass jeder Kunde nach einer Fahrt den Service in der App bewerten kann. Fahrtkosten und Trinkgeld werden automatisch von meiner Kreditkarte abgebucht, das spart mir Zeit, meine Buchführung wird vereinfacht und ich habe die Quittungen für die Steuer immer vollständig griffbereit.

Während ich dies schreibe, tobt in Städten wie Paris ein Krieg zwischen Uber- und Taxifahrern. Taxifahrer machen ihrem Protest Luft, indem sie mit ihren Fahrzeugen die Straßen während der Rushhour blockieren und so mörderische Staus verursachen. Wie ihre Kollegen andernorts haben auch sie zum Ziel, Uber „im Sinne des Verbraucherschutzes" verbieten zu lassen.

Aber wie sieht die Realität aus?

Ich halte mich häufig in Paris auf und kann bestätigen, dass die wenigen Taxis, die es gibt, unweigerlich alt und schmutzig sind. Wenn Sie abends pünktlich bei einem Termin am anderen Ende der Stadt sein möchten, können Sie eigentlich nur mit der Metro fahren und sich zu den anderen Pendlern in die schmuddeligen Waggons zwängen. Die Idee eines Ruftaxis ist weithin unbekannt, und möchte man ein Taxi auf der Straße heranwinken, muss man sich auf Wartezeiten zwischen zwanzig und vierzig Minuten einstellen. Einmal hätte ich um ein Haar meinen Flug verpasst, weil ich im Marais fast eine Stunde lang einem Taxi hinterherjagen musste. Ist es also ein Wunder, dass ich mich bei meiner letzten Reise für Uber entschieden habe?

Der Wagen war ein makellos sauberer und neuer Mercedes, in dem eine Tageszeitung und eine Flasche Wasser für mich bereitlagen, und ich musste nur wenige Minuten warten. Ich war auf dem Weg zu einem Abendessen und meine Tischgenossen verfolgten meine Fahrt von der Abfahrt bis zur Ankunft. Der Fahrer war gut gekleidet, trat sehr freundlich auf und beherrschte drei Sprachen. Die Fahrt zum Restaurant dauerte nur etwa halb so lange wie sonst üblich und kostete mich in etwa das Gleiche.

Ich war so beeindruckt, dass ich den gleichen Fahrer für meine Fahrt zum Flughafen am nächsten Tag buchte. Er stand vor meiner

Tür mit einer Tüte frischer, warmer Croissants für mich. Ende der Vorstellung.

Das Taximodell basiert auf einem System, in dem Lizenzen oder Genehmigungen für hohe Summen verkauft werden und sichergestellt wird, dass es mehr Kunden als Fahrzeuge gibt. Aber das ganze Monopol bricht zusammen, wenn Sie marktwirtschaftlichen Wettbewerb einführen.

Ganz egal, ob es um Taxis, Autohersteller, Zenefits, Airbnb oder Dutzende anderer Start-up-Unternehmen geht – die Situation ist immer die gleiche: Branchen werden durch innovative Jungunternehmer mit besseren Geschäftsmodellen revolutioniert und die alteingesessenen Platzhirsche versuchen, sich ihren Teil vom Kuchen zu sichern, indem sie die Regierung vor ihren Karren spannen, um die Konkurrenz auszubremsen oder zu beseitigen. Und wieder müssen wir uns die Frage stellen, ob das wirklich zum Besten des Kunden ist.

Die dramatischen Zeiten, die uns bevorstehen, verlangen von uns, das Konzept der Steuerung oder Regierungsgewalt auf einer höheren Ebene zu überdenken. Wir müssen uns von der überlieferten Ansicht befreien, dass Regierungen Arbeitsplätze schaffen und für Wohlstand sorgen. Das tun sie nicht. Im besten Fall ermöglichen Regierungen den Zugang zu Wohlstand; in den meisten Fällen verschwenden sie allerdings das Geld. Und unabhängig davon, was der Staat tut oder nicht tut, der freie Markt erkennt und reagiert auf Chancen früher, bewegt sich schneller, um ein Problem zu lösen, und betreibt mutigere Innovationsarbeit. Die nächste Dekade wird unzählige Millionäre hervorbringen, die sich dachten: „Ich kann das Gleiche machen wie der Staat, nur besser." Wenn Sie mir nicht glauben, fragen Sie UPS und FedEx.

SEI WASSER, MEIN FREUND

Natürlich stammt der Titel dieses Kapitels von Bruce Lee, dem legendären Kampfsportkünstler, Dichter und Philosophen. Diese Weisheit wird zwar viel zitiert, doch nur wenige verstehen, was Lee damit sagen wollte, und kennen den Hintergrund dieses Zitats.

Ich will die Geschichte hinter diesen Worten hier nochmals aufgreifen, denn sie enthält eine wichtige Lektion darüber, wie wir unsere Denkweise verändern müssen.

Sie beginnt damit, dass Lee noch mit Professor Yip Man, dem Leiter der Wing Chun Schule des Kung Fu, trainiert; das ist auch die einzige Unterweisung in der Kampfkunst, die Lee je erhalten hat. Während des Trainings kam Yip Man wiederholt auf Lee zu und sagte: „Loong, entspanne dich und beruhige deinen Geist. Hör auf, über dich nachzudenken, und verfolge die Bewegungen deines Gegners. Lass deinen Geist, die Grundlage der Realität, für die Gegenbewegung sorgen – ohne bewusst einzugreifen. Erlerne zuallererst die Kunst des Abstandnehmens."

Für den jungen Lee waren dies abstrakte Konzepte, er fühlte sich immer wieder enttäuscht und verwirrt. Er nahm sich wieder und wieder vor, sich zu entspannen, doch es gelang ihm einfach nicht richtig. Als Yip Man diese vergeblichen Bemühungen bemerkte, kam er zurück und sagte: „Loong, bleibe du selbst und folge der natürlichen Form der Dinge, statt dich dieser entgegenzustellen. Denke daran, niemals gegen die Natur anzukämpfen und Probleme nie direkt zu konfrontieren, sondern dich diesen zu stellen, indem du mit ihnen mitschwingst." Nach einiger Zeit wies der Meister den jungen Schüler an, nach Hause zu gehen, das Training für eine Woche einzustellen, Abstand von der Routine zu nehmen und nachzudenken.

Lee verbrachte eine Woche damit, das Meditieren zu üben, fühlte sich jedoch dem Ziel seiner Suche dadurch nicht näher. Um seine Gedanken zu befreien, fuhr er alleine mit einer Dschunke durch den Hafen von Hongkong. Was dort geschah, hat Lee in „A Moment of Understanding" niedergeschrieben:

Draußen auf dem Meer dachte ich an all mein bisheriges Training, wurde wütend über mich selbst und schlug ins Wasser! Genau in diesem Moment durchfuhr mich ein Gedanke: War nicht das Wasser die Essenz des Kung Fu? Hatte mich das Wasser nicht soeben die Prinzipien des Kung Fu gelehrt? Ich hatte es geschlagen, aber es hatte keinen Schmerz verspürt. Ich schlug nochmals mit aller Kraft zu – aber es war nicht verwundet! Dann versuchte ich, eine Handvoll davon zu greifen, was sich aber als unmöglich herausstellte. Dieses Wasser, die weichste Substanz der Welt, die in einen Becher gefüllt werden kann, machte einen lediglich schwachen Eindruck. Tatsächlich konnte es aber die härteste Substanz der Welt durchdringen. Das war es! Ich wollte wie das Wesen des Wassers sein.

Plötzlich flog ein Vogel vorbei und spiegelte sich im Wasser. Genau in dem Augenblick, in dem ich in meinen Lektionen des Wassers aufging, eröffnete sich mir eine weitere mystische

Bedeutung: Sollten nicht die Gedanken und Gefühle, die ich im Angesicht eines Gegners erlebte, ebenso davonschweben wie das Spiegelbild des Vogels, der über dem Wasser flog? Das war genau das, was Professor Yip mit Abstandnehmen gemeint hatte – nicht emotions- oder gefühllos, sondern ein Mensch zu sein, der Gefühle nicht festhielt oder blockierte. Daher musste ich, um mich unter Kontrolle zu haben, zuerst einmal mich selbst akzeptieren, indem ich mich mit und nicht gegen meine Natur bewegte.

Nach dieser Erkenntnis lag Lee einfach nur da, ließ das Boot treiben und fühlte sich eins mit seinem Tao. Er erlebte das Gefühl, wie Kraft und Gegenkraft sich gegenseitig unterstützten und nicht gegenseitig ausschlossen, und alle Konfliktgedanken in seinem Kopf lösten sich auf.

Diese Erfahrung auf dem Wasser war ein entscheidender Moment und bestimmte Lees späteres Leben, als er das Prinzip des Jeet Kune Do entwickelte. Und hieraus können auch wir vieles lernen: wie wir optimal auf Herausforderungen reagieren und welche Geisteshaltung wir erlernen müssen, um ein verrücktes Genie zu werden. Denn die Sache sieht ja so aus:

Es wird der Punkt kommen, an dem Sie auf der Suche nach dem verrückten Genie wegen Ihrer Überzeugungen und Ihrer Programmierung in einengende konventionelle Denkweisen verfallen werden. Oder Sie rudern sich frei und müssen feststellen, dass Ihre Kunden, Kollegen oder Chefs Angst vor großen Ideen haben. Die anderen werden bewaffnet sein mit Machbarkeitsstudien, Ausschüssen oder der altbewährten Unternehmenskultur, die besagt, dass mutige, gewagte und fantasievolle Dinge nicht machbar sind.

In solchen Zeiten müssen wir wie das Wasser sein. Uns biegen, anpassen und in eine neue Form bringen. Alternative Richtungen oder andere Ebenen finden. Sie sollten sich nicht gegen die Natur stellen, sondern sich stattdessen mit ihr bewegen.

Manchmal haben wir keine Wahl bei den Dingen, die auf uns zukommen. Aber wir haben die Wahl, wie wir auf diese Geschehnisse reagieren.

ZAPFEN SIE DIE SUPER-HIRNE AN

Bob Negen ist schon fast sein ganzes Leben ein Unternehmer. Viele Jahre lang hat er seine eigenen Einzelhandelsfirmen geleitet und ist heute gemeinsam mit seiner Frau Susan ein Erfolgstrainer für Kleinunternehmer. Bob ist ein großer Fan von klugen Köpfen und deren Einfluss. Er erklärte mir:

> Ich bin zu dem Schluss gekommen, dass meine Kreativität langjährigen und hart erarbeiteten Erfahrungen entwachsen ist; doch was mein Genie entzündet, sind die Energie und das Feedback, das ich von anderen Menschen bei Reden oder im Training erhalte.

> Unsere Marketingtechniken für kleine, unabhängige Einzelhändler sind die innovativsten und erfolgswirksamsten, die man sich vorstellen kann. Punkt. Aber es war immer noch jemand anderes daran beteiligt, der den Funken entzündet hat. Immer diente als Katalysator etwas, das jemand fragte

oder sagte. Daraus erwuchs jede neuartige Strategie, Taktik oder Technik.

Die Negens gehören zu einer Gruppe von Vordenkern im Internetmarketing, der auch ich angehöre. Wir alle erfreuen uns am kreativen Funken, der gezündet wird, wenn man so viel brillanten Verstand zu einem Superhirn bündelt.

Der bekannteste Vertreter des Superhirn-Konzepts ist vermutlich Napoleon Hill. Ich beteilige mich an mehreren inoffiziellen Mastermind-Gruppen sowie dem offiziellen Forum, dem auch die Negens angehören. Ich schwöre auf diese Gruppen, bin allerdings auch ein großer Fan eines anderen Ratschlags von Hill, der weniger bekannt ist:

Die erste Partnerschaft mit einem Superhirn musst du mit dir selbst eingehen.

Wir alle sind eine Zweiheit, wir sind sowohl positiv als auch negativ. Mit zunehmendem Alter entwickeln sich die Menschen mehr und mehr zur negativen Seite. Das liegt daran, dass der größte Teil der unterbewussten Programmierung und der Viren, die unseren Verstand befallen, negativ ausgerichtet ist und uns einschränken möchte.

Wenn sich Ihnen eine Gelegenheit bietet, haben Sie zwei Möglichkeiten:
A. Wow, das könnte mein großer Durchbruch sein.
B. Das mag sich ja für andere Menschen eignen, aber nicht für mich.

Wenn Sie von einem Konkurrenten in die Enge getrieben werden:
A. Okay, wir müssen eben besser werden, aber wir können uns daraus befreien.
B. Ich frage mich, ob wir das schaffen können.

Wenn ein Unternehmen scheitert:
A. Welche Lehre kann ich daraus ziehen, damit es beim nächsten Mal ein Erfolg wird?
B. Ich wusste, dass es eine Pleite wird. Man braucht Geld, um zu Geld zu kommen.

Jeder von uns hat eine Standardeinstellung. Das ist eine innere Einstellung, die bestimmt, ob wir automatisch in positive oder negative Muster verfallen.

In Ihnen steckt ein kleiner Bremskobold, der sich gerne in der Rolle des Opfers suhlt und jeden Rückschlag als vorherbestimmt sieht. Mit seiner Stimme sprechen Sie sich von jeglicher Verantwortung frei und überzeugen sich selbst, dass Sie zwar Ihr Bestes gegeben haben, es aber nicht hatte sollen sein.

In Ihnen steckt aber auch ein aufgewecktes Kerlchen, das voller Hoffnung ist und weiß, dass Nein keine Option ist. Für diesen Teil von Ihnen ist eine Niederlage nichts weiter als ein temporärer Rückschlag, eine Erfahrung, an der man wachsen kann, und die Gelegenheit zu lernen und (sich) zu verändern.

Diese Seite ist es, die Großes bewirkt und Dinge epischen Ausmaßes schafft. Sie ist es, die Sie pflegen müssen. Nehmen Sie Kontakt mit diesem Teil Ihrer Persönlichkeit auf und machen Sie ihn zu Ihrem ersten Mastermind-Partner.

MACHEN SIE SICH NASS!

David Lawrence XVII., der nicht nur Schauspieler sondern auch mehrfacher Unternehmer ist, regt seinen kreativen Geist auf altmodische Weise an: Er nimmt eine Dusche. Er erklärte mir:

> Wenn ich mich mit kreativen Gedanken beschäftige und ganz besonders wenn es mir schwerfällt, ein Problem zu lösen, gibt es für mich nichts Besseres als eine Dusche.

Dabei kommen mir die besten Erkenntnisse, Ideen für neue und profitable Produkte, Lösungen für schwierige Preisfindungs- und Markenpflegefragen. Ich habe sogar ganz neue Unternehmen in der Dusche gegründet, indem ich das Alleinsein, das Prasseln des Wassers, die immer gleichen, routinierten Griffe nach dem Duschgel auf mich habe wirken lassen. Der Alltag wurde abgewaschen und mein Geist offen und frei für bahnbrechend neue Gedanken.

Anscheinend geht es anderen genauso. Geben Sie in Google „Kreative Gedanken in der Dusche" ein, und Sie erhalten mehr als drei Millionen Treffer.

FÖRDERN SIE
DEN KÜNSTLER
IHN IHNEN

Im Dezember 2013 schrieb Alex Knapp in der Zeitschrift Forbes über Kreativität und wie sie sich fördern lässt: „Um die kreativen, der Problemlösung dienenden Eigenschaften zu pflegen, müssen Sie nicht lernen, in Codes zu schreiben – Sie müssen lernen zu malen. Oder Sie lernen, ein Instrument zu spielen. Oder Sie lernen, Gedichte zu schreiben. Oder Sie beschäftigen sich aktiv mit Bildhauerei. Was Sie im Einzelnen machen, ist ganz egal: Ihre eigene innovative kreative Kraft setzen Sie frei, indem Sie sich ernsthaft künstlerisch bemühen."

Unternehmer müssen die Debatte „Wissenschaft oder Kunst" nicht führen. Wir wissen, dass unternehmerisches Denken beides erfordert.

Albert Einstein sagte, wäre er nicht Physiker geworden, dann mit größter Wahrscheinlichkeit ein Musiker. Die kreativen Prozesse sind sich ungemein ähnlich – ganz gleich, ob Sie eine Oper komponieren, eine Hypothese wissenschaftlich überprüfen oder einen Slogan für Ihr neues Produkt erarbeiten.

Kreative Menschen sind nicht zwangsläufig jene mit der höchsten Schulbildung oder dem höchsten IQ. Um der Wahrheit die Ehre zu geben, bringt unser Bildungssystem aufgrund seiner Konzeption kreative Prozesse oft zum Stillstand. Bei vielen Lerninhalten, die an unseren Schulen und Universitäten vermittelt werden, geht es ausschließlich ums Auswendiglernen, was die kreativen Kräfte unterdrückt. Und so wie Mathematik oder die Naturwissenschaften in den meisten Fällen vermittelt werden, liegt der Schwerpunkt auf dem logischen Aspekt, sehr zum Schaden jedes kreativen Ansatzes.

Wir nehmen unsere wundervollen, brillanten fünfjährigen Kinder, die vor Kreativität nur so sprudeln, zwingen sie, gerade an ihren Tischen zu sitzen, nicht zu sprechen und die Hand zu heben, wenn sie auf die Toilette müssen. Über kurz oder lang prügelt das Schulsystem die Kreativität aus ihnen heraus.

Erhalten Sie sich Ihre Visionen, fördern Sie Ihre kreativen Kräfte und geben Sie Ihre Ideale weiter. Finden Sie den Zauber, der Ihrer Vorstellungskraft innewohnt.

Ich weiß, dass Sie vielbeschäftigt sind: Sie müssen Rechnungen bezahlen, die Hausarbeit erledigen, sich durch die Rushhour kämpfen und Ihren Job machen. Das verstehe ich gut. Aber Sie sollten auch die Zeit finden, ein Philosoph zu sein, ein Fotograf, Schriftsteller, Bildhauer, Musiker, Tänzer oder Dichter. „Düngen" Sie die kreative Energie, die in Ihnen steckt, und beobachten Sie, wie sich eine neue Welt vor Ihren Augen auftut. Es ist kein Zufall, dass sich kreative Genies wie Jared Leto, Harry Connick Jr. und Jennifer Hudson in derart unterschiedlichen Disziplinen hervortun.

Für Unternehmer ist die Tätigkeit, die die meiste kreative Kraft benötigt, die Innovationsarbeit. Alle großen Unternehmer (und alle Manager und Leiter von Organisationen, die wie Unternehmer denken) stehen vor der Herausforderung, Innovationen zu entwickeln. Aus Innovation erwachsen die bahnbrechendsten Erfolge, denn mit ihrer Hilfe wenden wir uns von dem Bekannten ab und erschaffen etwas Neues.

Der Unternehmer und Internet-Prediger Gary Vaynerchuk beschreibt Innovation als Religion. Am 9. Dezember 2013 schrieb er in einem Post: „Es ist kein Verfahren, es ist eine innere Einstellung. Jeder sucht nach einer Taktik, aber es ist mehr eine Frage der Religion. Der Grund, warum mein Team und ich immer ganz vorne mit dabei sind, ist, dass wir nun einmal so ticken. Wir wissen zu schätzen, welchen Gewinn wir erwirtschaften, indem wir forschen und nachdenken und debattieren und spielen. In unseren Augen ist das eine Notwendigkeit. Ich glaube nicht, dass viele Menschen Sauerstoff *zu schätzen wissen,* doch ohne ihn könnten wir nicht überleben. So sehe ich Innovation."

KREATIVITÄT AUS LOGIK

Falls Sie nicht glauben, dass sich bei einem verrückten Genie alles nur um Lavalampen, Stimmungsringe und Räucherstäbchen dreht, wird die Logik definitiv eine wichtige Rolle spielen.

Ich schreibe dieses Manifest in meiner neuen Wohnung in der Innenstadt von San Diego. Blicke ich aus dem Fenster meines Arbeitszimmers, kann ich die Bauarbeiten an einem Bürogebäude ganz in der Nähe verfolgen. Es ist ein riesiges Ding und nimmt fast einen ganzen Block ein. Alle ein oder zwei Wochen kommt ein neues Stockwerk des Parkhauses dazu. Nun wird eine Betondecke als Ganzes gegossen.

Ein derartig umfangreiches Projekt mitten in der Stadt bringt gewaltige Herausforderungen mit sich. Um eine Betondecke zu gießen, muss die Baufirma Teile der Straße sperren lassen, sich mit dem Feierabendverkehr, behördlichen Genehmigungen, dem Wetter und gewerkschaftlichen Bestimmungen auseinandersetzen, um nur ein paar zu nennen. Ich fand das alles so spannend, dass ich bestimmt ein oder zwei Stunden aus dem Fenster starrte und den Vorgang beobachtete.

Am Dienstagmorgen hatten sie drei Spuren der 10th Avenue gesperrt, um einen monströsen Apparat aufzubauen, aus dem am nächsten Tag der Beton fließen sollte. Am Mittwochmorgen um acht fuhren als Erstes zehn Zementlaster vor. Zwei von ihnen fuhren rückwärts an die Maschine heran und einer entlud seine Ladung in den Bauch der Apparatur. Zwei weitere Laster kamen und reihten sich hinter den beiden ersten ein. Die anderen sechs Laster warteten auf der anderen Seite der Maschine. Jeweils ein Mann war damit beschäftigt, den Verkehr an jedem Ende des Blocks zu regeln, und einer stand in der Mitte. Zwei weitere Männer standen mit großen Besen bereit, um die Straße sauber zu halten. Fünfundzwanzig oder dreißig Männer standen auf dem Armierungsgitter und strichen den Beton aus, der aus der Maschine floss.

Es dauerte etwa sechs Minuten, bis der erste Laster leer war. Der Mann in der Mitte des Blocks hielt den Verkehr an, damit der Lastwagen abfahren konnte. Der hintere der zwei wartenden Laster nahm den frei gewordenen Platz ein und begann, Zement abzuladen. Der Laster vor ihm rückte an seine Stelle auf. Der erste der sechs bereitstehenden Lastwagen in der Warteschlange nahm den so frei gewordenen Platz auf der anderen Seite der Betonmischanlage ein. Die zwei Straßenfeger machten sauber. Sechs Minuten später fuhr der zweite Lastwagen ab und der ganze Vorgang wiederholte sich. Ein weiterer Lastwagen rückte auf. So ging es pausenlos weiter im Sechsminutentakt.

Nachmittags um vier stellten die Bauarbeiter Scheinwerfer auf, um die letzte Ecke der Betondecke auszuleuchten, die noch nicht fertig war. Der Reigen wiederholte sich weiterhin alle sechs Minuten. Um 16:30 Uhr lud der letzte Lastwagen seine Ladung ab und fuhr weg, pünktlich zum einsetzenden Berufsverkehr. Die fünfundzwanzig oder dreißig Mann auf dem Gebäude arbeiteten im Scheinwerferlicht noch zwei Stunden lang weiter, bis der Beton überall glattgestrichen war.

Von meinem Fenster im zweiundzwanzigsten Stock hatte ich die perfekte Aussicht. Weder Debbie Allen noch Nappytabs oder Travis Wall hätten diese routinierte Darbietung besser choreografieren können.

Das Gleiche können Sie erleben, wenn Sie den Flughafen von Atlanta besuchen und beobachten, wie die Flugzeuge, Gepäckwagen und Plattformen ausschwärmen. Eine derartige Synchronisation erfordert eine Logik poetischen Ausmaßes, um all die Menschen, Gepäckstücke und Crews zu den richtigen Flugzeugen zu befördern.

Logistische Herausforderungen dieser Art erleben wir im Geschäftsleben jeden Tag. Dabei müssen wir akribisch genau und logisch vorgehen. Doch auch eine solche Lösung lässt sich nur finden, wenn sie kreativ angegangen wird.

GÖNNEN
SIE SICH
MISSERFOLGE

Was im Wesentlichen den erfolgreichen Unternehmer vom weniger erfolgreichen unterscheidet, ist seine Bereitschaft, Misserfolge zuzulassen. Das eine bedingt das andere: Erfolgreiche Menschen erleben dauernd Misserfolge. Wir wachsen, indem wir Rückschläge zulassen. Es stimmt schon: Wenn andere ein Ziel vor uns erreichen, waren wir bestenfalls Zweite. Aber häufiger noch erleben wir Misserfolge, wo andere noch nicht einmal daran gedacht haben, es zu versuchen.

Ich sagte eingangs, das echte Gegenteil von Erfolg ist nicht Misserfolg, sondern Mittelmäßigkeit. Ein Rückschlag ist einfach nur ein Teil des Erfolgsprozesses. Er erteilt Ihnen eine wichtige Lektion, dient der Entwicklung Ihrer Persönlichkeit und erlaubt Ihnen, den Ansatz Ihres Strebens nach Großartigkeit zu modifizieren.

Denken Sie daran: Ein Unternehmer, der keinen Fehler erlebt, erlebt nichts.

SEIEN SIE „DER EINE"

Viele von Ihnen sind nicht mehr auf der Suche nach dem einen bahnbrechenden Produkt oder der einen besonderen Dienstleistung. Das oder die haben Sie bereits, und Ihre Herausforderung besteht nun darin, einen Marketingansatz zu finden, durch das sich Ihr Produkt oder Dienst von der Masse abhebt. Einige Unternehmen sind nur deswegen so besonders erfolgreich, weil sie effektvoll auf sich aufmerksam machen und das Marktgeschehen aufwirbeln. Wenn alle anderen zick machen, müssen Sie zack machen.

Die meisten Referenten halten auf ihre Kunden zugeschnittene Vorträge, informieren sich im Vorfeld über die Veranstaltung, besuchen den einleitenden Cocktailempfang und kleiden sich den Firmenregeln entsprechend. Nicht so Larry Winget, der die Bühne mit seinem schrillen Hemd, Jeans und Cowboystiefeln zum Beben bringt. Er hält sich nicht mit Vorabrecherchen auf, pfeift auf alle geselligen Angebote und liefert Ihnen die gleiche Rede wie allen anderen Kunden auch.

Die meisten Berater arbeiten dreißigseitige Vorschlagsmappen aus, wollen keine großen Wellen schlagen und rennen anschließend ihrem Geld hinterher. Anders Alan Weiss, der keine schriftlichen Angebote ausfeilt, den Kunden seine Meinung ins Gesicht sagt und Vorauskasse verlangt. Über den vollen Preis.

Ich trainiere in einem Fitnessstudio, das über sämtliche üblichen Sicherheitseinrichtungen verfügt. Drei bis vier Mal die Woche trainiert auch ein Kerl, der aussieht wie eine wandelnde Telefonzelle. (Für alle Leser unter dreißig: Google sagt Ihnen, was eine „Telefonzelle" ist.) Er ist von Kopf bis Fuß tätowiert. Und das meine ich wörtlich. Er hat eine Glatze und auch dort sprießen die verrücktesten Tattoos.

Der Kerl hält sich nicht mit den Geräten für kleine Jungs auf. Er stemmt meistens Gewichte, stößt und reißt dreihundert Pfund, ohne mit der Wimper zu zucken, macht French Presses und Bizeps-Curls mit fünfundneunzig Pfund schweren Kurzhanteln. Jedes einzelne Mal, wenn ich ihn sehe, trägt er Flip-Flops an den Füßen. Und niemand sagt Mr. Tattoo jemals, verdammt noch einmal ordentliche Sportschuhe anzuziehen.

Wie können Sie die Einstellung von Winget, Weiss oder Mr. Tattoo übernehmen und auf Ihre Branche übertragen?

Es gibt Fast-Food-Ketten und es gibt In-N-Out Burger.

Es gibt Sängerinnen und es gibt Aretha.

Es gibt Donutläden und es gibt Krispy Kreme.

Es gibt Regisseure und es gibt Martin Scorsese.

Es gibt Baumärkte und es gibt Ace Hardware.

Es gibt Computerfirmen und es gibt Apple.

Es gibt Markenpflege-, Marketing-, Brainstorming- oder Produktentwicklungsmeetings und es gibt das verrückte Genie.

ÄNDERN SIE IHRE DENKMUSTER

Der Durchschnittsmensch denkt Tag um Tag immer wieder die gleichen tausend Gedanken. Die Forschung hat gezeigt, dass diese einem bestimmten Muster folgen und Spurrillen in die neuronalen Pfade Ihres Gehirns graben. Je öfter Sie diese Muster durchbrechen und die ausgetretenen Wege verlassen, umso besser sind Ihre Chancen, das verrückte Genie freizusetzen.

Tragen Sie Ihre Uhr am anderen Arm, schreiben Sie SMS mit der Hand, die Sie seltener benutzen, fahren Sie einfach mal einen anderen Weg zur Arbeit. So entwickeln Sie neue neuronale Muster in Ihrem Gehirn.

Kreative Menschen sind:

- Selbstständig und engagiert
- Unabhängig
- Begeisterungsfähig für Neues
- Risikobereit

- Offen für Vieldeutigkeit
- Engagierte (Mit-)Arbeiter
- Eifrige Leser
- Weltenbummler

Kreative Menschen erhalten dadurch unzählige neue und vielfältige Impulse und schöpfen aus den unterschiedlichsten Erfahrungen. Sie sind einem steten Strom neuer Meinungen, Sprachen, Kulturen und Einstellungen ausgesetzt. Sie sehen einen sehr viel größeren Ausschnitt der Gesellschaft, der Menschheit, der Welt. Sie sehen, wie Herausforderungen auf verschiedene Arten und Weisen gelöst werden, was den Verstand weit macht für verschiedene Problemlösungsansätze, laterales Denken und Innovation.

Wann haben Sie das letzte Mal Ihre Grundüberzeugungen hinsichtlich Geld, Beziehungen, Religion oder den Staat hinterfragt?

Lösen Sie Sudokus, Worträtsel, Denksportaufgaben und andere harte Nüsse, um Ihre geistigen Fähigkeiten auszubauen? Verfolgen Sie Kommentatoren in Radio und Fernsehen, die eine andere politische Richtung vertreten als Sie? Besteht Ihr engster Freundeskreis aus Menschen, die alle Ihre Meinung teilen, oder vertreten Sie unterschiedliche Ansichten?

Lesen Sie Bücher wie *Harry Potter* und *Herr der Ringe*. Sehen Sie Sciencefiction-Filme wie *Matrix* und *Inception*. Hören Sie andere Musik als sonst. Analysieren Sie, wie Drehbuchschreiber Dialoge verfassen oder Journalisten ihre Sportkolumnen schreiben.

Verabreden Sie sich zum Kaffeetrinken und Abendessen mit Menschen, die andere Hobbys betreiben als Sie, einen anderen Hintergrund haben und in anderen Jobs arbeiten. Lesen Sie gelegentlich eine fremdsprachige Zeitschrift. Belegen Sie einen Volkshochschulkurs und lernen Sie etwas völlig Neues. Gehen Sie auf Wikipedia und lassen Sie sich ein Dutzend Mal einen „Zufälligen Artikel" anzeigen. Ein Grund, warum ich meine Mastermind-Sitzungen und Tagungen für Führungskräfte so gerne in Las Vegas abhalte, ist die Möglichkeit, mit den Teilnehmern eine Aufführung des Cirque du Soleil besuchen zu können.

Persönlichkeitsentwicklung ist ein derart wichtiger Teil meines Selbst geworden, dass ich keine Show des Cirque du Soleil sehen kann, ohne Parallelen zu Erfolg und Leistung zu sehen. Letzten Endes geht es bei den Shows um nichts anderes als den Triumph des menschlichen Geistes, um Möglichkeiten und Potenziale, um Glauben und Zuversicht. Sie werden das Kind in Ihnen wecken und die künstlerische Begabung beleben, zu der Sie möglicherweise den Bezug verloren haben.

Haben Sie Angst, dass das von Ihnen angestrebte Erfolgsziel unmöglich zu erreichen ist? Sehen Sie sich nur einige der akrobatischen Kunststücke der Artisten an, und Sie werden einen neuen und weiteren Blick erhalten für das, was möglich ist.

Haben Sie das Gefühl, Ihr kreatives Genie hat eine Blockade? Bereits nach den ersten fünf Minuten werden Sie sich von den künstlerischen Darbietungen elektrisiert und voller neuer Energie fühlen.

Benötigen Sie einen Motivationskick, um fit zu werden? Sehen Sie sich nur die Körper der Artisten an, und Sie werden den Donut fallen lassen wie eine heiße Kartoffel.

Das Licht, die Kostüme, die Musik, die Inszenierung und die Darbietungen sind solchermaßen von artistischem Geist durchdrungen, dass sich niemand der inspirierenden Wirkung auf das eigene Genie entziehen kann. Erlebnisse wie diese rütteln die abgenutzten Gedankenmuster auf und helfen Ihnen, neue zu weben. Jede Bühnenshow des Cirque du Soleil wird Ihre Fantasie anregen, Ihre Kreativität fördern und Ihren Blickwinkel erweitern. Sie werden wieder an die Stärke Ihrer kreativen Begabung glauben.

NEHMEN SIE EIN SABBATJAHR

Dieses Buch erreicht Sie live und in Farbe aus meiner eigenen Auszeit. (Obwohl ich wieder Teil der regulären Arbeitswelt geworden bin, wenn Sie diese Zeilen lesen.) Diese lange Pause war für mich die erstaunlichste Erfahrung, die ich in meinem Leben machen durfte. Sie hat meine Kreativität auf wunderbare und vielfältige Weise auf Touren gebracht. Möglicherweise stehen auch Sie an einem Scheideweg in Ihrem Leben oder Ihrer Karriere, wo eine Auszeit die Entscheidung für Sie ist.

Machen Sie sich als Erstes bewusst, was ein Sabbatical ist und was Sie in der Zeit tun möchten. Viele Menschen halten es für einen ausgedehnten Urlaub. Ziel soll es jedoch sein, zu lernen und zu wachsen. Ich habe meine Auszeit nach dem gleichen Konzept geplant wie Leute, die einen Graduiertenkurs an der Universität Oxford absolvieren. (Nachdem Oxford keinen Herumtreiber wie mich aufnimmt, habe ich meinen eigenen Weiterbildungskurs zusammengestellt.)

Ich hatte mir ein hochintensives, konzentriertes Lernprogramm als Ziel gesteckt, mit dem ich meine Persönlichkeitsentwicklung und Selbstentfaltung voranbringen wollte. An manchen Tagen lese ich drei Bücher, an anderen sehe ich fünfzehn TED-Videos an. Jeden Tag mache ich meine Cardioübungen und mein Krafttraining, denn das wahre geistige Potenzial lässt sich nur erschließen, wenn man auch körperlich fit ist. Nicht nur bin ich in der körperlichen Form meines Lebens und klüger als je zuvor, ich fühle auch, wie sich zahlreiche neue Kanäle für meine Kreativität aufgetan haben.

Nicht unberücksichtigt lassen dürfen Sie Ihre Finanzen. Das meiste holen Sie aus dieser Zeit heraus, wenn die Geldfrage geklärt ist. Wenn Sie noch nicht so weit sind, legen Sie einen Termin fest, bis zu dem Ihr Sabbatical in trockenen Tüchern sein soll, und arbeiten Sie darauf hin.

Eine weitere Frage ist, wann Sie fertig sind. Ich persönlich habe mir keine Frist gesetzt: Ich wollte reisen, eine oder zwei Sprachen lernen, dieses Manifest fertigstellen, eine Online-Lernplattform entwerfen und mein eigenes Wissen erweitern. Möglichweise möchten Sie genau so vorgehen oder sich lieber einen Zeitrahmen von einem halben oder einem ganzen Jahr setzen.

Wenn Sie sich auf große Dinge konzentrieren möchten, dürfen Sie nicht warten, bis Ihr Posteingang endlich abgearbeitet ist. Ihre Mailbox wird nie ganz leer sein. Aber Ihre Quelle an verrücktem Genie kann versiegen.

STEHEN SIE FRÜHER AUF

Während meines Sabbatjahres kann ich aufstehen, wann ich will. Doch an den meisten Tagen bin ich um fünf Uhr morgens aufgestanden. Den frühen Morgenstunden wohnt etwas Spirituelles inne. Die Welt schläft noch und es sind wunderbare Stunden, um zu lesen, zu schreiben, zu meditieren und andere Dinge zu tun, die das verrückte Genie anregen.

LESEN SIE DIE FURCHT-EINFLÖSSENDEN VIER

Es gibt vier Bücher, die kreative Kräfte ungeheuren Ausmaßes in Ihnen freisetzen können – drei stammen aus der Feder von Steven Pressfield und eines von Seth Godin. Jeder Musiker, Schriftsteller, Tänzer, Bildhauer und insbesondere jeder Unternehmer sollte sie gelesen haben.

Diese wären *The War of Art*, *Turning Pro* und *Do the Work* von Pressfield sowie *The Icarus Deception* von Godin. Ich hoffe, Sie haben jedes dieser großartigen Werke bereits gelesen.

Lesen Sie sie noch einmal. Der Reihe nach. An einem Wochenende. Der kreative Stimulus wird orgiastisch sein und Sie werden sich beflügelt fühlen und es nicht erwarten können, Ihre eigenen künstlerischen Vorhaben wieder aufzunehmen.

PLANEN SIE
DENKZEIT EIN

Es gibt bestimmt keinen besseren Weg, innovativen, kreativen Gedanken nachzugehen oder spannende neue Möglichkeiten auszuloten, als die Zeit zu haben, in Ruhe nachzudenken. In den hektischen Tagen, in denen wir heute leben, müssen Sie sich dafür einen Termin setzen.

Gewöhnen Sie sich an, jede Woche mindestens fünfundvierzig Minuten für Denkzeit in Ihrem Terminkalender zu blockieren. Ich meine es ernst.

SPIELEN SIE „WAS WÄRE, WENN"

Vernachlässigen Sie die Realität und überlegen Sie sich neue Denkregeln. Stellen Sie die verrücktesten, hanebüchensten und absurdesten Dinge in den Raum, die Sie sich vorstellen können. Sie müssen weder praktikabel noch möglich oder gar plausibel sein. Bewegen Sie sich für eine Weile in einer Welt, in der es keine Regeln, Etikette, Gesetze oder Normen gibt. Lösen Sie sich von den physikalischen Beschränkungen der Welt, um zu sehen, welche ultimative Lösung sich anbietet. Sobald Sie Ihre Einschränkungen abgeworfen haben, können Sie schrankenlos inspirierenden Gedanken nachgehen.

Kreative Gedanken lassen sich besonders effektiv anregen, indem Sie sich fragen „was wäre, wenn", wie zum Beispiel:

- Wenn es möglich wäre, wie würde man es anpacken?
- Was würde passieren, wenn ich noch einmal ganz von vorne anfinge und einen anderen Weg einschlagen würde?

209

- Was würde passieren, wenn wir unsere Produktion unter Wasser verlegten?
- Was würde passieren, wenn es keine Gravitation gäbe?
- Was würde passieren, wenn nicht Geld das Ziel wäre?
- Wie würde ein Fünfjähriger dieses Problem angehen?
- Was würde passieren, wenn wir im Dunkeln fertigten?
- Was würde passieren, wenn die Montage bei Minustemperaturen erfolgte?
- Was, wenn wir in vierundzwanzig Stunden fertig werden müssten?

Sortieren oder bewerten Sie Ihre Antworten erst einmal nicht; geben Sie dem Brainstorming-Prozess die Gelegenheit, sich zu entfalten. Erst wenn Sie alle Fragen gestellt und alle Antworten gefunden haben, blicken Sie zurück auf Ihre Ideen. Überlegen Sie sich nun, wie Sie alle oder auch nur einige davon in die Praxis umsetzen können.

Überlegen Sie sich, welche Vorteile eine neue Idee mitbringt, und arbeiten Sie aus, wie sie sich in die Realität einfügen lässt. Wie könnten Sie die vorgeschlagene Lösung überarbeiten, damit sie funktionsfähig wird? Welche Änderungen an der Welt müssten Sie vornehmen, um die Idee möglich zu machen, und wie ließen sich diese Änderungen herbeiführen?

EXTRA-
POLIEREN SIE

Eine andere nützliche Technik ist die Suche nach Analogien. Nehmen Sie eine bestehende Situation und verbinden Sie diese mit einem vollkommen neuen Kontext. Sie gewinnen brillante Erkenntnisse und Inspirationen für Ihre eigene Branche, wenn Sie einen Blick auf andere Branchen werfen.

Ich selbst habe beispielsweise einmal ein Werbekonzept für einen Radiosender auf eine Anzeigenkampagne für einen Friseursalon übertragen. Sie können auch Ansätze aus der Erdölgewinnung auf den Gesundheitssektor anwenden. Oder umgekehrt.

Kreativitätsexpertin Victoria Labalme schöpft aus ihrer langjährigen Erfahrung im Showgeschäft, um Fachleute, Unternehmer und Manager in besserer Kommunikation zu schulen. Sie setzt häufig auf Analogien und erzielt damit erstaunliche Ergebnisse. Labalme erklärte mir:

> Viele Menschen denken, sie seien nicht „kreativ". Wir kennen das aus Studien, die mit Erwachsenen bzw. Kindern durchgeführt wurden. Aber Kreativität ist kein magisches Voodoo-Talent, das einer Elite vorbehalten ist. Vielmehr geht es darum, Ihre einzigartigen Interessen und Fähigkeiten, die bereits vorhanden sind, zu erschließen und neu zu kombinieren.

Sie stehen jetzt an der Spitze eines Unternehmens, haben aber in Ihrer Jugend Schlagzeug in einer Rockband gespielt? Cool. Warum verwenden Sie nicht das Schlagzeugspiel als Analogie bei Ihrer nächsten unternehmensinternen Präsentation? Sprechen Sie darüber, wie wichtig Rhythmus, Koordination und Konzentration sind.

Sie sind Fachmann für strategische Unternehmensplanung und ein großer Fan von Comedy? Warum beginnen Sie nicht Ihr nächstes Meeting mit einer Top-Ten-Comedian-Liste?

Nehmen wir mal an, Sie sind ein Finanzanalyst und Ihre Tochter ein Seilhüpf-Genie. Perfekt. Verwenden Sie Rope Skipping als Metapher dafür, wie wichtig es ist, im richtigen Moment einen Markt zu erschließen oder sich daraus zurückzuziehen ... die Bewegungen sorgfältig zu planen, um nicht zu stolpern und vom Seil geschlagen zu werden. Sie verstehen, was ich meine.

Sie werden es vielleicht nicht glauben, aber diese Beispiele stammen alle von meinen Kunden. Und sie funktionieren. Solche Präsentationen ragen heraus und wirken noch lange nach.

Kreativität erfordert Mut: den Mut, Ideen und Instinkten zu folgen, ganz egal, wie abwegig sie auch erscheinen; den Mut, eine Verbindung zwischen zwei scheinbar unvereinbaren Komponenten herzustellen; den Mut, das alles der Welt vorzustellen.

Und auch wenn das Ergebnis im ersten Moment noch etwas unfertig aussieht, ist der Versuch bereits das, was ich „eine Idee, die zu einer Idee führt" nenne.

Und diese Idee wird wiederum neue Ideen hervorbringen. Nur die wenigsten Menschen kriegen es auf Anhieb richtig hin. Eines ist allerdings sicher: Wenn Sie es noch nicht einmal versuchen, wenn Sie so weitermachen wie alle anderen in Ihrem Geschäft oder Ihrer Branche, führt Sie das unweigerlich in eine Sackgasse und Sie werden es nie schaffen, sich selbst vollständig zu entfalten und so zu werden, wie es Ihnen vorbestimmt war.

MACHEN SIE LIEBE
UND LASSEN SIE DAS LICHT AN

In der Küche. Auf der Arbeitsfläche.

DRÜCKEN SIE WIEDER DIE SCHULBANK

Bildlich gesprochen oder tatsächlich. Meine Auszeit hat mir die fantastische Chance eröffnet, an mir zu arbeiten. Aber auch ohne ein Sabbatical einzulegen, können Sie sich immer die Zeit nehmen, sich weiterzuentwickeln.

Halten Sie Ausschau nach Seminaren, Workshops oder Kongressen, die Ihre grauen Zellen herausfordern und Ihnen helfen, neue Fertigkeiten zu entwickeln. Ich habe es mir angewöhnt, mindestens zwei Veranstaltungen im Jahr zu besuchen, wo ich nicht als Redner auftrete, sondern als Lernender teilnehme.

MACHEN SIE SICH UNENTBEHRLICH

Nehmen wir an, Sie haben bereits Kunden, sogar Fans. Vielleicht sogar einen ganzen Fanclub, der Ihren Einsatz zu würdigen weiß und Ihnen deshalb folgt. Wie viel Leidenschaft entfachen Sie tatsächlich?

Sicher kennen Sie Beispiele, was Fußballspieler erleben, wenn sie nach langen Jahren den Verein wechseln. Die Fans reißen Poster von der Wand, verbrennen ihre Fantrikots und halten Schmähbanner in den Stadien hoch. Vermutlich möchten Sie niemals derart verachtet werden.

Aber vielleicht sollten Sie es einmal ausprobieren.

Der Grund für die heftigen Reaktionen auf solche Spielerwechsel ist die Tatsache, dass die einen seine heißesten Fans sind und die anderen ihn hassen. Das heißt, er bedeutet etwas – im positiven oder im negativen Sinne.

Athleten wechseln regelmäßig ihren Verein. Wenn sie mittelmäßig sind, interessiert das keinen. Wenn sie gut sind, sind die Fans empört. Wenn sie fantastisch sind, ereifern sich die Menschen derart, dass sie bereit sind, ihre Fantrikots zu verbrennen, Botschaften in den Himmel schreiben zu lassen oder auf eine andere Weise öffentlich ihren Zorn und ihre Enttäuschung kundzutun.

Wenn Sie ein Vordenker sein wollen oder ein Marktführer oder die Welt verändern möchten, müssen Sie aufhören, von allen geliebt werden zu wollen. Immer nur zu sagen, was die Leute hören möchten, macht Sie beliebt. Zu sagen, was die Leute hören *müssen,* macht Sie wichtig, verleiht Ihnen Macht und wertet Sie auf.

Biedern Sie sich nicht bei der breiten Masse an. Sprechen Sie zu den Menschen, die Sie tatsächlich erreichen möchten, und seien Sie ehrlich. Fordern Sie sie heraus, mehr zu leisten und besser zu werden. Und seien Sie sich bewusst, dass Sie vermutlich noch nichts von Bedeutung geschaffen haben, wenn es niemanden da draußen gibt, der Sie hasst. Und das bringt uns zu der spannenden Frage: Würde jemand auch Ihr Fantrikot verbrennen?

SIE BRAUCHEN EINE PERSON, DER SIE RECHENSCHAFT ABLEGEN MÜSSEN

Michael Jackson und Amy Winehouse waren kreative Genies. Genauso Charlie Sheen. Aber auch Genies brauchen jemanden, der ihnen sagt, dass sie aus der Spur geraten sind. Sie brauchen ein paar Leute in Ihrem Leben, die Sie lieben und ehrlich mit Ihnen sind und mit Ihnen Tacheles reden, wenn es sein muss.

Es ist ungemein wichtig, sich darauf verlassen zu können, dass diese Menschen es nur gut mit Ihnen meinen und Sie nicht aus Neid oder wegen ihres engen Horizonts ausbremsen möchten. Suchen Sie sich mindestens eine Person, der Sie derart umfassend vertrauen können, und laden Sie Ihre Ideen bei ihr ab.

Manchmal werden diese ihrer Zeit voraus sein. Manchmal werden sie so brillant sein, dass andere sie gar nicht erfassen können.

Und manchmal ist eine Idee einfach nur Müll. Sorgen Sie dafür, Menschen in Ihrem Leben zu haben, die ausreichend kompetent sind, den Unterschied zu erkennen, und Sie genug lieben, um Ihnen die Wahrheit zu sagen.

DER EINFACHHEIT DIE LANZE BRECHEN

In seinem Buch *Insanely Simple* beschriebt Ken Segall zahlreiche verschiedene Situationen, in denen Steve Jobs den kreativen Prozess bei Apple unterbrach, weil er zu komplex wurde.

Es gibt da eine faszinierende Geschichte über Mike Evangelist, den Leiter der Produktentwicklung bei Apple, und das erste Entwicklungsmeeting für die iDVD-App. Mike hatte sich gut vorbereitet und war gerüstet mit Präsentationen, Screenshots und Erklärungen aller Art, die sein Arbeitsausschuss zusammengetragen hatte, um die Funktionsweise der Schnittstelle zu erläutern.

Was dann geschah, warf ihn aus der Bahn. Jobs betrat den Raum, ignorierte die Vorbereitungen und ging direkt zum Whiteboard.

„Das hier ist die neue Anwendung", sagte er. „Sie hat ein Fenster. Sie ziehen Ihr Video in das Fenster. Dann klicken Sie auf die Schaltfläche mit dem Namen ‚Brennen'. Das war's. So werden wir es machen."

Mike uns sein Team waren vom Donner gerührt. Und natürlich war das die App, die Apple schließlich auf den Markt brachte. Der Zauber liegt in der Schlichtheit. Droht ein Projekt oder Konzept, an dem Sie arbeiten, zu komplex zu werden, brechen Sie eine Lanze für die Einfachheit.

SEIEN SIE FRECH

Wenn Sie in Branchen wie dem Marketing tätig sind, müssen Sie manchmal den Mut aufbringen, provokativ, frech oder einfach nur kontra zu sein, um innovative Lösungen zu finden.

Die besten Stand-up-Comedians sagen, was jeder denkt, aber sich nicht zu sagen traut. Die beste Markenentwicklung funktioniert nach dem gleichen Prinzip. Sagen, was jeder denkt, aber nicht den Mut hat zu sagen.

Unter den Kunden, die ich beraten habe, war ein Direktvertriebsunternehmen, das Schwierigkeiten damit hatte, neue Vertriebshändler für sich zu interessieren. Die Firma schaltete Werbeanzeigen in den hinteren Seiten von Wirtschaftsmagazinen und musste sich jede Seite mit sieben anderen Firmen teilen, die alle um die Aufmerksamkeit der Leser buhlten.

Ich konnte die Zahl der Rückmeldungen um 10.000 Prozent anheben, indem ich eine Anzeige mit dem Titel „Sind Sie ein Idiot?" entwarf. Im weiteren Text machte ich mich über die Vorstellung lustig, dass jemand bereit ist, zwischen 30.000 und einer Million Dollar in ein Franchise-Unternehmen zu investieren, wo er als bessere Thekenkraft nicht mehr als den Mindestlohn erhält.

Die Zeitschrift erhielt einige Beschwerden und zog die Anzeige zurück, aber bis dahin war sie in drei Ausgaben veröffentlicht worden und hatte der Firma so viele Interessenten beschert, dass sich deren Schreibtische unter den Bewerbungen nur so bogen.

Ein anderer Kunde war der Friseursalon eines homosexuellen Stylisten, der sich auf Haarersatz für Männer spezialisiert hatte. Er schaltete seine Werbung in Publikationen der Schwulenszene. Daraufhin entwarf ich eine neue Anzeige mit folgendem Über- und Untertitel:

SIE SIND KAHL, HÄSSLICH UND SCHWUL ...
Die ersten beiden Punkte können wir ändern

Wie bei der Anzeige mit dem Idioten warnte ich meinen Kunden, dass er möglicherweise mit heftigen Reaktionen rechnen müsse, fand allerdings, dass es das Risiko wert sei. Das Ergebnis war auch für mich eine Überraschung. Keine einzige Beschwerde, der Umsatz schoss durch die Decke und einige Leute, die gar nichts kaufen wollten, kamen vorbei oder riefen an, um zu sagen, wie lustig sie die Werbung fanden.

In eigener Sache wollte ich ein dreitägiges Seminar zu einem zugegebenermaßen stolzen Preis bewerben. Mit meinem Marketing musste ich mich von Dutzenden anderer Firmen und Anbieter abheben, die ebenfalls Workshops, Seminare und Boot Camps im Angebot hatten. Also entwarf ich eine Werbeaktion per Wurfpost, die unter anderem aus einem dicken Umschlag mit einer Windel für Erwachsene bestand. Hintergrund dafür war der Gedanke, dass sich die Teilnehmer nach dem Besuch des Seminars und wegen der durch meine

Marketingstrategien generierten Antwortquoten vor Aufregung „ins Höschen machen" würden. Die Veranstaltung war ausverkauft.

Und weil wir gerade von Seminaren sprechen: Raten Sie einmal, auf welchen neuen Marketingkniff ich heutzutage zurückgreife, um Veranstaltungen zum Erfolg zu verhelfen?

Richtig, wir erstellen eine Facebook-Seite, erstellen E-Mail-Verteiler, binden soziale Medien ein und was alles noch so üblich ist. Aber was wirklich heraussticht, ist die gute alte Postwurfsendung.

Weil niemand sonst so etwas tut.

Jeder denkt, Werbepost sei tot, und schwärmt von der Ersparnis bei Druck- und Versandkosten. Das bedeutet aber auch, dass meine Werbung oft genug der einzige Umschlag im Briefkasten meiner Zielperson ist.

Ich habe Postwurfkampagnen mit 100-Dollar-Scheinen im Umschlag gemacht, um das Interesse wichtiger potenzieller Kunden zu wecken, ich habe Umschläge aus Hochglanzfolie verwendet und Pfadfinderinnen angeheuert, die jeden Umschlag von Hand mit Buntstiften beschriften sollten.

Ich habe Postwurfkampagnen gemacht, bei denen die erste Seite fehlte und die zweite Seite so oder so ähnlich begann:

Seite 2

nur für Sie. Wenn Sie sich für das kostenlose Auto, eine Gewinnbeteiligung und die Reiseprämien interessieren, die ich auf Seite eins erwähnt habe, müssen Sie mich innerhalb der nächsten 24 Stunden unter 1-800-XXX-XXXX anrufen.

Was glauben Sie, wie viele Leute angerufen haben, um zu erfahren, was auf Seite eins steht? Auch wenn wir dann zugeben, dass es keine

Seite eins gibt und wir auf diesem Weg nur ihre Aufmerksamkeit wecken wollten, sind die meisten begeistert.

Meine Lieblingstechnik war die, eine Adressliste für zwei Postwurfkampagnen zu mieten. Ich verschickte den ersten Werbebrief und erhielt von einem bestimmten Prozentsatz der Adressaten eine positive Antwort. Wir strichen diese Namen aus der Liste und verschickten das gleiche Angebot noch einmal an die übrigen Empfänger. Allerdings (und dafür heuerte ich wieder die Brownie-Brigade an) zerknüllten wir das Schreiben zuerst, strichen es dann wieder glatt und schrieben mit rotem Edding oben darüber: „Bitte werfen Sie diesen Brief NICHT WIEDER weg!"

Üblicherweise hebt dies die Antwortquote um weitere 30 bis 40 Prozent. (Und ja, es gibt immer einen oder zwei hysterische Menschen, die mit der Polizei drohen, weil sie tatsächlich glauben, wir hätten ihre Mülltonnen durchwühlt. Aus diesem Grund wird es ja *verrücktes Genie* genannt.)

Ganz offensichtlich eignet sich dieser explizite Ansatz nicht für alle Märkte. Aber er lässt sich für mehr Bereiche anwenden, als die meisten Menschen glauben. Wenn alle anderen zick machen, müssen Sie zack machen.

MINDMAPPING

Eine der besten Techniken aller Zeiten, um sich vom Denken in Reihenschaltung zu verabschieden und die kreativen Säfte in Fluss zu bringen, ist das Mindmapping. Diesem Vorgang wohnt ein zutiefst kreativer Ansatz inne und alles, was Sie brauchen, sind Zettel und Stift (und ein offener Blick).

Anstatt nur einfach quer zu denken – wie die meisten Menschen an eine Idee herangehen –, verfolgen Sie beim Mindmapping eine Idee in viele verschiedene Richtungen, ohne einem logischen Muster zu folgen. So erschließen Sie sich neue und frische Perspektiven, die Sie anderweitig gar nicht entdeckt hätten. Hier einige Anregungen:

Verbinden Sie die Punkte. Verwenden Sie Linien, Pfeile, Formen, Farben und Codierungen, um Beziehungen und Verbindungen zwischen Ideen zu markieren.

Nutzen Sie die ganze Seite. Starten Sie mit einem Bild oder Wort in der Mitte des Blattes als Fokus und lassen Sie Ihren Assoziationen freien Lauf. So führt ein Gedanke zum nächsten.

Sorgen Sie für Übersichtlichkeit. Notieren Sie nur Stichwörter in Druckbuchstaben und nur ein Wort pro Zeile.

Entwickeln Sie Ihren eigenen Stil. Das sind nur Richtlinien, keine Regeln. Finden Sie selbst heraus, was sich am besten für Sie eignet.

DIE „SCAMPER"- TECHNIK

Diese Technik haben Bob Eberle und Alex Osborne für mehr Kreativität bei der Produktentwicklung erarbeitet. Damit lassen sich mögliche Lösungen für neue Herausforderungen ausloten.

SCAMPER ist ein Akronym, das sich aus sieben verschiedenen Ansätzen, ein Problem zu betrachten, zusammensetzt. Auf den ersten Blick mag diese Technik albern erscheinen, doch führt sie zu mutigen, gewagten und fantasievollen Ideen.

Und vergessen Sie nicht: Mit der Kreativität verhält es sich wie mit einem Muskel, der sich durch regelmäßige Übung trainieren lässt. Die SCAMPER-Technik setzt sich aus folgenden Bausteinen zusammen:

Substitute (Ersetze)

Combine (Kombiniere)

Adapt (Passe an)

Modify (Variiere)

Put to other uses (Finde weitere Verwendungen)

Eliminate (Vereinfache)

Reverse/Rearrange (setze zurück/ordne neu)

Die SCAMPER-Technik sähe beispielsweise auf einen Regen-schirm angewandt folgendermaßen aus:

Substitute (Ersetze): Verwenden Sie eine Plastiktüte, die über einen Drahtbügel gespannt wird.

Combine (Kombiniere): Integrieren Sie ein Radio und eine Digitaluhr in den Griff.

Adapt (Passe an): Machen Sie das Ganze zu einem nützlichen Objekt für Jogger, indem Sie es am Körper befestigen.

Modify (Variiere): Machen Sie den Schirm groß genug für meh-rere Personen.

Put to other uses (Finde weitere Verwendungen): Präparieren Sie die Spitze, zum Beispiel um damit Müll aufzupicken.

Eliminate (Vereinfache): Entfernen Sie alles Überflüssige oder alles, was leicht kaputt geht.

Reverse/Rearrange (setze zurück/ordne neu): Entwerfen Sie einen nach oben gebogenen Schirm, der das Wasser sammelt.

Ganz egal, ob Sie ein Produkt weiterentwickeln, einen neuen Markt erschließen oder einer alteingesessenen Institution neuen Schliff verleihen möchten – die SCAMPER-Technik ist ein fantas-tisches Werkzeug, um laterales Denken anzuregen.

VERHALTEN SIE SICH WIE EIN KIND

Wer ein Problem kreativ und innovativ angehen möchte, sollte am besten denken wie ein Fünfjähriger. An diesem Punkt im Leben haben die meisten Menschen den Gipfel ihrer Kreativität erreicht, bevor sie ihnen ausgetrieben wird.

In diesem Alter beschäftigen sich Kinder nicht mit Fragen wie gesetzlichen Regelungen, gesellschaftlicher Etikette oder anerkannten Verfahren. Sie konzentrieren sich nur auf das, was sie erreichen möchten und wie sie es erreichen können.

Der Panamakanal, die Chinesische Mauer und die Pyramiden sind herausragende architektonische Meisterwerke. Aber haben Sie eine Vorstellung, wir überwältigend ein Dosenöffner ist? Für Kinder besteht die ganze Welt aus Wundern. Aufzüge sind mysteriös, Rolltreppen sind faszinierend und Flugzeuge fliegen mit Zauberei.

Wenn Sie bei einer Aufgabe in eine Sackgasse geraten sind, hören Sie auf, die Welt wie ein Erwachsener zu betrachten, und versuchen Sie, durch die Augen eines Kindes zu sehen. Machen Sie sich ein Erdnussbutterbrot mit Marmelade, trinken Sie ein Glas Kakao, gehen Sie nach draußen und setzen Sie sich eine Weile auf eine Schaukel.

BRECHEN SIE DIE REGELN

Wenn Sie ein Lied schreiben möchten, müssen Sie gewisse Strukturen beachten. Außer Sie entscheiden sich, gegen alle Regeln zu verstoßen, und erschaffen so brillante Stücke wie Ed Sheeran.

Wenn Sie eine allseits beliebte Fernsehsendung produzieren möchten, müssen Sie deren Umfang, die Anzahl der Charaktere und die Beschränkungen, die Ihnen der Fernsehbildschirm auferlegt, berücksichtigen. Außer Sie möchten *Game of Thrones* produzieren, die weltweit erfolgreichste Episodenserie.

Wenn Sie Bücher verkaufen möchten, tun Sie es so wie seit zweihundert Jahren. Außer Sie möchten so etwas wie Amazon erschaffen.

Wenn Sie eine Oper komponieren möchten, müssen Sie an die Grenzen der menschlichen Stimme denken. Außer Sie sind Wagner und möchten der Menschheit etwas hinterlassen, das den Zuhörer auch nach Hunderten von Jahren noch verzaubert.

Wenn Sie einen Fantasy-Kinohit landen wollen, verankern Sie ihn in einer glaubwürdigen Realität. Außer Sie möchten ein Werk epischen Ausmaßes schaffen, wie *Harry Potter*, *DUNE* oder *Interstellar*.

Wenn Sie ein Alltagsobjekt wie ein Telefon herstellen möchten, halten Sie sich an die Basisfunktionen. Außer Sie möchten das iPhone erschaffen.

Wenn es um Regeln geht, dann lassen Sie nur diese eine gelten:

Kennen Sie die Regeln, und seien Sie bereit, diese zu brechen – solange Sie wissen, warum Sie das tun.

MACHEN
SIE ES SICH
NICHT ZU
GEMÜTLICH

Ein Mitbewerber verfügt über einen starken Marktanteil und so beschließen Sie, ihm dieses Segment zu überlassen.

Keiner hat es bislang ausprobiert, also fassen Sie den Entschluss, es selbst gar nicht erst zu versuchen.

Sie bringen Ihr hochmodernes, innovatives Produkt auf den Markt und begleiten es mit langweiliger, konventioneller Werbung, weil das der normale Weg zu sein scheint.

Sie erstellen eine Website für Keksausstecher, weil alle anderen Unternehmen in der Branche das auch machen.

Hören Sie damit auf. Das ist Herdendenken, aber so werden Sie nicht dahin kommen, wo Sie hin möchten.

Ich habe *Risiko ist die neue Sicherheit* geschrieben und anschließend dieses Manifest, weil ich weiß: Das größte Hindernis für die meisten Menschen und Unternehmen ist, zu denken, dass es sicherer ist, auf Nummer sicher zu gehen. Nichts könnte weiter weg sein von der Wahrheit als dieses Konzept. Die Regeln haben sich geändert, und auf Nummer sicher zu gehen ist heute eigentlich das risikoreichste Unterfangen, das es gibt.

Bitte – hören Sie auf, nach Sicherheit zu schielen, und spielen Sie auf Risiko, denn genau dort liegt der Durchbruch. Hören Sie auf, nach Sicherheit zu streben, und beginnen Sie wahrhaft zu leben.

Wir stehen an der Schwelle zu einer Zeit, die exponentiell starkes Wachstum, Hyperentwicklung und Turbulenzen mitbringt, wie sie die Welt noch nicht gesehen hat. Sie stehen vor Herausforderungen, die beängstigender sind als alles, was Sie bisher erlebt haben. Sie stehen vor Herausforderungen, die größer sind als alles, was *irgendjemand* jemals erlebt hat. Auch wenn Sie aktuell ganz oben stehen, kann die Welt Sie im nächsten Monat bereits überholt haben. Die Unternehmer und Firmen, die in der neuen Wirtschaftsordnung bestehen wollen, müssen ganz neue, unbekannte Wege bauen.

Führungspersönlichkeiten werden in unruhigen Zeiten geboren, und wir stehen an der Schwelle zu einem Jahrzehnt, das als das unruhigste in der Geschichte der Menschheit gelten wird. Nicht in fünfzig oder fünfundsiebzig Jahren, sondern ganz aktuell. Manager werden lernen müssen, wie sie der Unordnung entgegenwirken können – wie sie Harmonie inmitten des Chaos entstehen lassen. Zu den wichtigsten Führungsqualitäten werden mehr als je zuvor kritisches Denken, Kreativität und Risikobereitschaft zählen. Das alles erfordert das verrückte Genie.

Wir werden die verblüffendsten Antworten und damit die wichtigsten Chancen für die Menschheit finden müssen.

Die größte Hoffnung für die Welt liegt nicht in politischen Debatten, mehr Gängelung durch den Staat oder gar ein höheres Bildungsniveau. Was wir brauchen, ist *Denken* auf einer höheren Ebene, als wir es bisher kannten. Die Antwort am ehesten finden werden Künstler. Aber nicht irgendwelche, sondern die, die sich stolz Unternehmer nennen. Die Vergangenheit ist vorbei; die Zukunft liegt vor uns. Es ist Zeit für die Kunst.

Wir stehen an der Schwelle zum Zeitalter der Unternehmer.

Die Philosophie der Sozialisten und wohlmeinende Beteiligungsprogramme haben uns nicht weitergebracht. Kollektive Bürokratie, Bevormundung durch den Staat und Einheitsdenken müssen ein Ende finden. Wir müssen einsehen, dass Wohlstand mit dem Einsatz in Wertschöpfung gleichzusetzen ist. Es wird Zeit, das freie Unternehmertum von der Leine zu lassen, damit diese Gleichung wieder ins Gleichgewicht kommt.

Wir brauchen auch weiterhin Mitgefühl, Empathie und Kunst. Wir brauchen Regierungen, die das Privateigentum schützen (insbesondere das intellektuelle), ein Gerichtswesen, das Differenzen klärt, und das Militär, um uns verteidigen zu können. Aber die Regierungen müssen aufhören, Erfolg zu bestrafen, Innovationen zu ersticken und die alteingesessenen Institutionen zu schützen. Wir müssen Kunst und Unternehmertum verschmelzen, um zu neuen Denkprozessen zu gelangen.

Und das bringt uns zurück zu Ihnen, dem Unternehmer – und den Herausforderungen, denen Sie sich stellen müssen, sowie den außergewöhnlichen Chancen, die mit den großen Aufgaben verbunden sind. Dies ist der perfekte Zeitpunkt, um Ihr verrücktes Genie auszubauen, denn:

Der allerbeste Zeitpunkt, vom sprichwörtlichen Tellerwäscher zum Multimillionär – oder gar Multimilliardär – zu mutieren, ist jetzt.

Kritische Denker, die die richtigen Fragen stellen – und beantworten – werden an der Spitze von Firmen und Unternehmungen stehen, die sich ein großes Stück dieses neuen Kuchens gönnen. Es werden Visionäre sein, die mutig neue Produkte konzipieren, ganze Branchen neu entwerfen, überholte Annahmen in den Wind schießen und der Welt etwas verdammt Großes präsentieren.

Was wird als Nächstes geschehen?

Der Fairness halber muss ich Sie warnen: Sobald Sie sich dafür entscheiden, etwas verdammt Großes schaffen zu wollen, werden garantiert mehrere Dinge passieren.

Erstens werden manche Leute Zweifel an Ihnen kundtun. Andere werden Sie auslachen. Und wieder andere werden über Sie selbst oder Ihre Vorstellungen herfallen. Wenn Sie wirklich etwas verdammt Großartiges auf die Beine stellen können, wird es sicher auch den einen oder anderen geben, der Sie dafür hasst.

Machen Sie sich keine Sorgen wegen der Zweifler, Zyniker oder Hasser. Machen Sie sich erst dann Sorgen, wenn Sie keine haben.

Sie müssen wissen: Die Hasser hassen nicht Sie. Die Hasser hassen sich selbst dafür, dass sie nicht den Mut aufgebracht haben, das zu tun, was Sie getan haben.

Das ist der Punkt, wo es wirklich und wahrhaftig unheimlich wird.

Einige der Menschen, die versuchen werden, Sie auszubremsen, werden Sie gar nicht auf den ersten Blick als solche erkennen. Es ist der Teilnehmer an Ihrer Ausschusssitzung, der nur des Teufels Advokaten spielen möchte, oder das Mitglied des Kirchenvorstandes, der die Dinge seit vierzig Jahren auf die immer gleiche Weise macht.

Es ist der Vizepräsident, der im Montagsmeeting darauf hinweist, dass und woran andere ähnliche Vorstöße bereits gescheitert sind, oder der Investor, der wissen möchte, wie schnell er Erträge auf seinem Konto zu sehen bekommt.

Was sie alle meinen ist: „Ich habe Angst." Und die größte Angst haben solche Leute vor den Menschen, die keine Angst haben.

Hegen Sie keine schlechten Gefühle ihnen gegenüber, denn auch sie meinen es nicht böse. Sie sind wirklich und wahrhaftig der Meinung zu wissen, was das Beste für Sie ist. Und manchmal haben sie damit auch recht.

Aber meistens vertrauen sie den Worten der MYSTERIÖSEN MENSCHEN und glauben an die angeblichen bösen Einflüsse, unter denen die, die das SYSTEM, DAS INSGEHEIM DIE WELT LENKT, ignorieren, dann zu leiden hätten.

Wer das nicht erkennen kann, lebt ein Leben in Angst. Glauben Sie nicht an das, was man Ihnen sagt. Entscheidungen aus Angst führen zu beängstigenden Ergebnissen. Das ist der richtige Moment, Mut zu zeigen. Warten Sie nicht, bis Sie berufen werden. Machen Sie den ersten Schritt.

Warten Sie auch nicht, bis Sie entdeckt werden. Die Welt hat bereits Millionen von Superstars entdeckt und binnen Wochen, Tagen oder gar Sekunden wieder vergessen. Das verrückte Genie entdeckt sich selbst. Wer sich selbst erkannt hat, den werden auch die anderen nicht mehr vergessen.

Seine Sie nicht einer von den vielen Millionen, die sich durchs Leben lavieren und am Ende sterben, ohne ihre außergewöhnlichen Talente ausgeschöpft zu haben. Wenn Sie Ihr verrücktes Genie nur schützend verstecken, wird es eingehen. Wenn Sie es mit anderen teilen, wird es florieren.

Ihr verrücktes Genie manifestiert sich vielleicht in Ihrem aktuellen Job oder dem danach oder in einer Aktivität in Ihrer Freizeit. Aber eines weiß ich sicher: Das Universum wird Sie nicht an anderer Stelle einsetzen, solange Sie für Ihre aktuelle Aufgabe nicht überqualifiziert sind.

Bitte – hören Sie auf, kleine Brötchen zu backen, und wenden Sie sich Ihrer großen Aufgabe zu.

Zu viele Menschen in der Geschäftswelt warten nur darauf, ihre Ängste zu verlieren, um endlich aktiv werden zu können. So wird das allerdings nie etwas.

Unternehmer, die mit dem verrückten Genie gesegnet sind, sind auch nicht frei von Angst. Wir wissen, dass wir uns immer vor etwas fürchten werden. Aber wir handeln trotz unserer Angst. (Und oft sogar gerade deswegen.)

Gehen Sie Wagnisse ein, seien Sie mutig und fantasievoll, denn die Welt braucht jetzt ihre verrückten Genies. Und Sie sind genau die richtige Person dafür.

DIE BISLANG UNAUSGE- SPROCHENEN DANKSAGUNGEN

Einige Schriftsteller setzen sich hin und produzieren raffinierte Werke, durch die ihre Leser die Welt mit anderen Augen sehen. Leider gehöre ich nicht zu dieser Sorte Autoren. Glücklicherweise bin ich jedoch ein kritischer Denker, der Annahmen infrage stellt und stets auf der Suche nach großen, neuen, anregenden Ideen ist. Wenn ich dann solche zündenden Gedanken finde, lege ich sie einigen brillanten Menschen, die ich im Lauf meines Lebens kennenlernen durfte, zur Diskussion und für Input vor. Dieses Buch ist das Ergebnis, das diesen Superhirnen entsprungen ist.

Es ist ungemein hilfreich, eine neue Perspektive für die eigene Arbeit (und das eigene Leben) zu gewinnen, die bislang unberücksichtigt blieb. Wertvolle Beiträge geleistet haben Dan Abelow, Tim Berry, Terry Brock, Bob Burg, Gina Carr, Joachim de Posada, Chuck Eglinton, JB Glossinger, Lisa Jimenez, Christopher Knight, Ian Percy, Nido Qubein und Brian Short. Nicht zu vergessen das für das Originallektorat zuständige Dreigestirn: Vicki McCown, Marian Lizzi und Eric Nelson. Sie alle haben mir großzügig von ihrem eigenen verrückten Genie abgegeben und ich bin ihnen zutiefst dankbar dafür. Und auch Sie werden die gleiche Dankbarkeit verspüren.

ÜBER DEN AUTOR

Randy Gage ist ein Multiunternehmer, Angel-Investor und kritischer Vordenker, der Ihnen dazu verhilft, Ihr(e) Unternehmen – und Ihr Leben – aus einer neuen Perspektive zu betrachten. Randys bislang veröffentlichte neun Bücher sind in fünfundzwanzig Sprachen übersetzt worden. Er hat Reden vor mehr als zwei Millionen Menschen in fünfzig Ländern gehalten und ist Mitglied der CPAE Speaker Hall of Fame. Wenn Randy nicht gerade auf der Bühne steht oder sich in seine stille Dachstube zum Schreiben zurückzieht, findet man ihn oft auf irgendeinem Softballplatz, wo er auf der dritten Base steht. Sie können ihm auf randygage.com oder Twitter @Randy_Gage mit dem Hashtag #MadGenius begegnen.